ARCHIMATHS

CE2

Lucie Andrieu
Professeure des écoles

Rachel François
Professeure des écoles

Olivier Kiffer
Conseiller pédagogique

Séverine Vidal
Auteure jeunesse

Loïc Méhée
Illustrateur

Sous la coordination de
Christophe Bolsius
Inspecteur de l'Éducation Nationale
Académie de Nancy-Metz

Conseiller en didactique des mathématiques
Thierry Dias
Professeur Formateur à la Haute École
Pédagogique du canton de Vaud (Suisse)

MAGNARD

www.archimaths.magnard.fr

La méthode Archimaths CE2

PRÉSENTATION
À DÉCOUVRIR

lienmini.fr/archi20ce2

Le fichier et le mémo

- **Deux défis mathématiques** au début de chaque période.

- Des pages **Apprendre à chercher** et **Résolution de problèmes** pour travailler la méthodologie de résolution de problèmes.

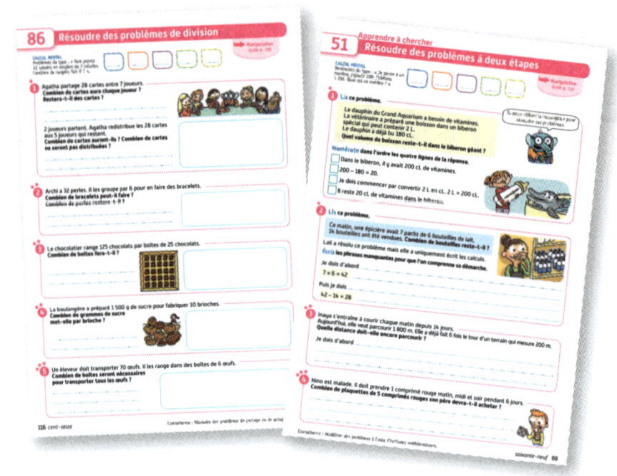

- De nombreuses séances avec des **activités de manipulation**, des **exercices d'entraînement** et des **problèmes**. Des **pages de géométrie à l'italienne** pour faciliter les tracés.

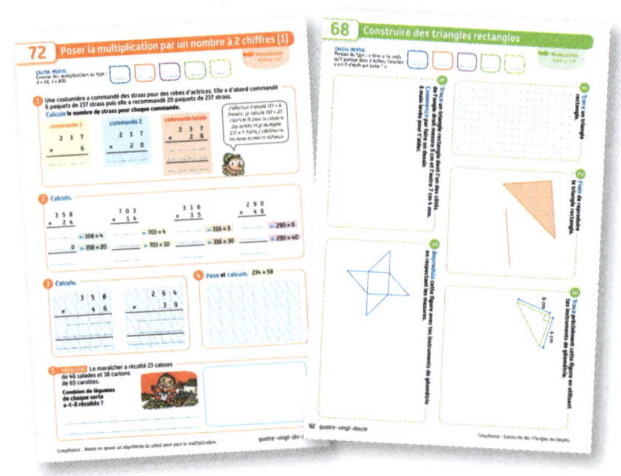

- Des pages **Jeux mathématiques** pour s'entraîner en s'amusant.

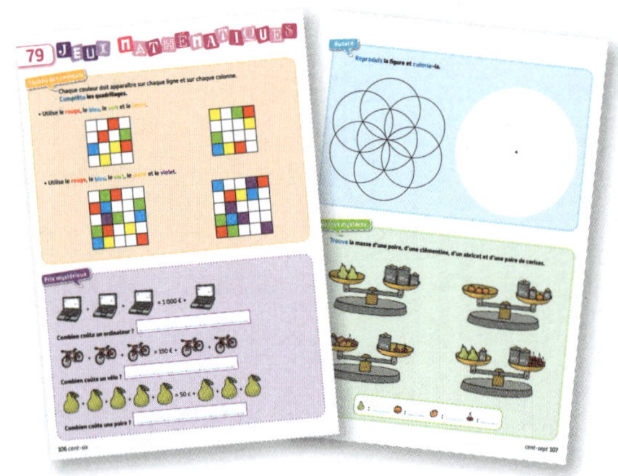

- Des planches de **matériel** en fin de fichier pour la manipulation.

- Des **entraînements** et **bilans réguliers** pour évaluer les élèves et **favoriser la différenciation**.

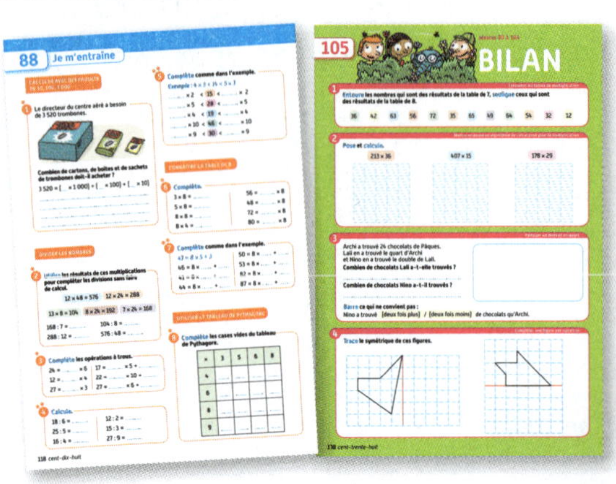

Un mémo des maths sur les notions essentielles du CE2, pour **réviser** ou pour **s'entraîner en autonomie**.

© **Éditions Magnard 2020**, 5 Allée de la 2e D.B., 75015 Paris
ISBN : 978-2-210-50645-9

La Banque de ressources numériques

Ces ressources sont disponibles en téléchargement ou dans le CD-Rom du guide pédagogique.

EXTRAIT À DÉCOUVRIR

lienmini.fr/archi20ce2-num

PÉRIODE 1

▶ **2 défis mathématiques en version animée**, les indices et les trophées des défis

▶ **7 fiches d'entraînement différencié (* et **)**
- Additionner en ligne avec des nombres à 2 chiffres
- Soustraire en ligne avec des nombres à 2 chiffres
- Utiliser la règle graduée pour trouver des milieux
- Comprendre la multiplication
- Résoudre des problèmes de multiplication
- Lire l'heure en heures et minutes
- Apprendre à chercher : Résoudre des problèmes avec un schéma

▶ **2 fiches évaluations**

PÉRIODE 2

▶ **2 défis mathématiques en version animée**, les indices et les trophées des défis

▶ **12 fiches d'entraînement différencié (* et **)**
- Additionner en ligne avec des nombres à 3 chiffres
- Soustraire en ligne avec des nombres à 3 chiffres
- Résoudre des problèmes de comparaison additive et soustractive
- Poser l'addition avec des nombres à 3 chiffres
- Mesurer des contenances (L, dL, cL)
- Mesurer des longueurs (km, m)
- Construire des carrés et des rectangles
- Dénombrer des collections supérieures à 1 000
- Poser la soustraction avec une retenue (1)
- Comparer, ranger, encadrer les nombres jusqu'à 10 000
- Poser la multiplication par un nombre à 1 chiffre
- Apprendre à chercher : Problèmes à deux étapes

▶ **2 fiches évaluations**

PÉRIODE 3

▶ **2 défis mathématiques en version animée**, les indices et les trophées des défis

▶ **9 fiches d'entraînement différencié (* et **)**
- Calcul en ligne : Multiplier un nombre par 10, 100 et 1 000
- Mesurer des masses (t, kg, g)
- Résoudre des problèmes de masse
- Construire un cercle passant par un point (1)
- Construire un cercle à partir du rayon ou du diamètre (2)
- Calcul en ligne : Multiplier par 20, 60, 300
- Poser la multiplication par un nombre à deux chiffres (1)
- Comprendre le lien entre multiplication et division
- Apprendre à chercher : Exploiter un graphique, un tableau

▶ **2 fiches évaluations**

PÉRIODE 4

▶ **2 défis mathématiques en version animée**, les indices et les trophées des défis

▶ **11 fiches d'entraînement différencié (* et **)**
- Diviser pour chercher la valeur d'une part
- Diviser pour chercher le nombre de parts
- Résoudre des problèmes de division
- Mesurer des longueurs (m, dm, cm, mm)
- Reconnaître des figures présentant un axe de symétrie
- Compléter une figure par symétrie
- Estimer un calcul
- Exprimer des durées (h, min, s)
- Utiliser le tableau de Pythagore
- Poser la multiplication par un nombre à deux chiffres (2)
- Apprendre à chercher : Utiliser les 4 opérations

▶ **2 fiches évaluations**

PÉRIODE 5

▶ **2 défis mathématiques en version animée**, les indices et les trophées des défis

▶ **10 fiches d'entraînement différencié (* et **)**
- Résoudre des problèmes de durée
- Calcul en ligne : Multiplier en décomposant en facteurs
- Calcul en ligne : Multiplier en décomposant les nombres
- Lire l'heure (et quart, moins le quart, et demie)
- Multiplier par 15 et par 30, par 25 et par 50
- Résoudre des problèmes de comparaison multiplicative
- Identifier des figures simples dans des figures complexes
- Décrire des figures
- Reproduire des figures complexes
- Résoudre des problèmes de recherche d'exhaustivité des cas

▶ **2 fiches évaluations**

Matériel de manipulation

▶ **Numération et calcul**
- Cubes unités, barres de dizaines, plaques de centaines et grands cubes du millier
- Cartes nombres
- Étiquettes c, d, u
- Étiquettes des mots-nombres
- Dominos des grands nombres
- Demi-droites graduées ou non
- Jeu de bataille des grands nombres
- Cartes de multiplication
- Tables de multiplication
- Tableau de Pythagore
- Cartes images pour la multiplication et pour la division
- Les pièces et les billets
- Grilles de soustraction vierges
- Schémas vierges pour la résolution de problèmes

▶ **Grandeurs et mesures**
- Bandes étalon et segments à mesurer
- Calendriers et frises
- Jeu de cartes des masses

▶ **Espace et géométrie**
- Papier pointé et grilles pour les tracés
- Plans pour le repérage dans l'espace
- 6 exercices de codage à réaliser en classe avec le logiciel Scratch
- Patrons de cubes

Et aussi…

- Les **fiches imprimables** des activités (consignes, images, tableaux, graphiques, figures géométriques et amorces de figures, exercices supplémentaires en prolongement).
- **La version animée du Mémo en 32 séquences** et les **32 pages du Mémo en pdf à imprimer**.

Sommaire

Nombres et calculs
Espace et géométrie
Grandeurs et mesures
Résolution de problèmes

PÉRIODE 4

PÉRIODE 5

Progression par domaine

Nombres

Calculs

Grandeurs et mesures

Espace et géométrie

Résolution de problèmes

ARCHI MÈNE

Défi animé
lienmini.fr/archice2-defi01

Défi 1 *Comparer des nombres*

L'ENQUÊTE

Défi animé
lienmini.fr/archice2-defi02

Défi 2 *Se repérer sur un quadrillage*

1 Dénombrer des collections jusqu'à 100

Manipulation
Guide p. 22

CALCUL MENTAL
Faire écrire le complément pour arriver à 10.

....

1 **Écris** le nombre de loupes.

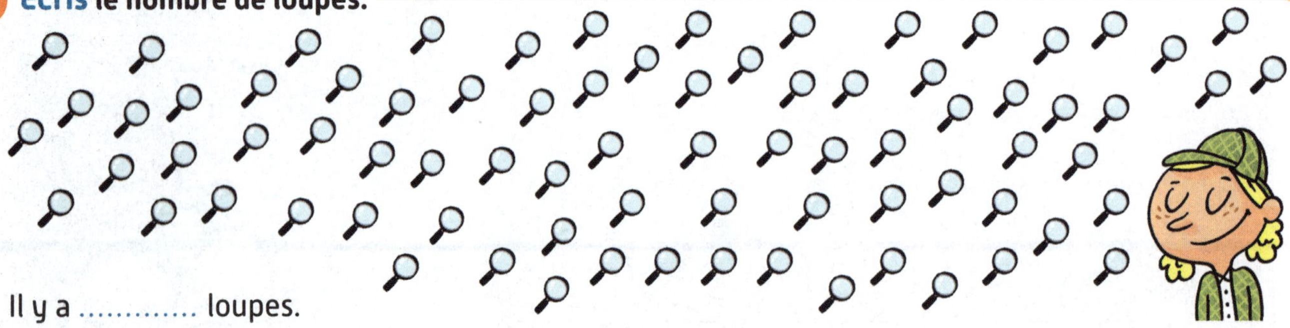

Il y a .... loupes.

2 **Écris** le nombre de billes en chiffres, comme dans l'exemple.

Exemple :  = 65

 = ...

 = ...

 = ...

 = ...

3 **Complète** les décompositions puis **écris** en chiffres les nombres représentés.

10 cubes 1 dizaine	1 cube 1 unité

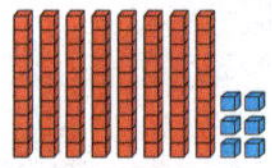 ....d ....u = ...

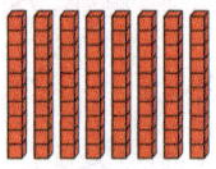 ....d ....u = ...

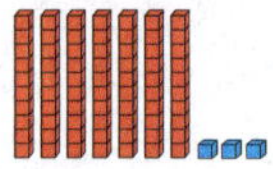 ....d ....u = ...

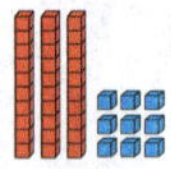 ....d ....u = ...

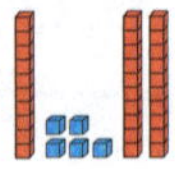 ....d ....u = ...

4 PROBLÈME **Observe** le dessin, puis **complète** le tableau.

Danseuses habillées en rouge	....
Tous les danseurs hommes	....
Danseurs hommes habillés en vert	....
Danseuses habillées en vert	....

Trouve le nombre total de danseurs et de danseuses.

....

....

2 Lire, écrire, décomposer les nombres jusqu'à 100

➡ **Manipulation**
Guide p. 24

CALCUL MENTAL
Faire écrire le complément pour arriver à 100. *Ex. : 80 pour arriver à 100.*

| .... | .... | .... | .... | .... |

1 Relie de la même couleur les clés et les serrures représentant le même nombre.

2 Écris les nombres en chiffres.

trente-huit : ....
quarante-cinq : ....
soixante-sept : ....
cinquante-neuf : ....
soixante-seize : ....
quatre-vingt-douze : ....

3 Écris les nombres en lettres.

100 : ....
25 : ....
81 : ....
68 : ....
77 : ....
92 : ....

4 Écris en chiffres les nombres correspondant aux décompositions.

10 + 10 + 10 + 10 + 5 = ...
10 + 10 + 10 + 10 + 10 + 10 + 4 = ...
10 + 10 + 10 + 10 + 10 + 9 = ...
40 + 8 = ...
70 + 3 = ...
90 + 10 = ...

5 Écris les nombres en chiffres.

5 d 4 u = ...
8 d 9 u = ...
7 d 1 u = ...
9 d = ...

6 Écris les décompositions correspondant aux nombres.

Exemple : *32 = 10 + 10 + 10 + 2*

70 = ...
87 = ...
48 = ...

7 PROBLÈME Aide Archi à recomposer le code secret à 2 chiffres du coffre-fort. **Écris**-le sur le coffre-fort.

✔ *Le chiffre des unités est plus petit que 2 mais plus grand que 0.*
✔ *Le chiffre des dizaines est le chiffre des unités auquel on ajoute 5.*

3 Utiliser la règle pour tracer

Manipulation
Guide p. 26

CALCUL MENTAL
Dicter des nombres entre 0 et 99.

....	....	....	....	....

1 Avec ta règle, **relie** les points dans l'ordre croissant.

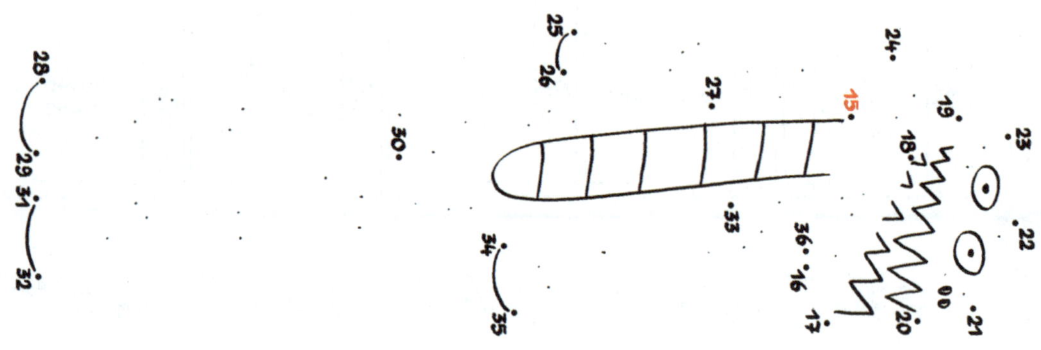

2 Avec ta règle, **prolonge** la trajectoire de la fléchette tenue par chaque personnage.

3 Avec ta règle mais sans mesurer, **termine de reproduire** les figures géométriques.

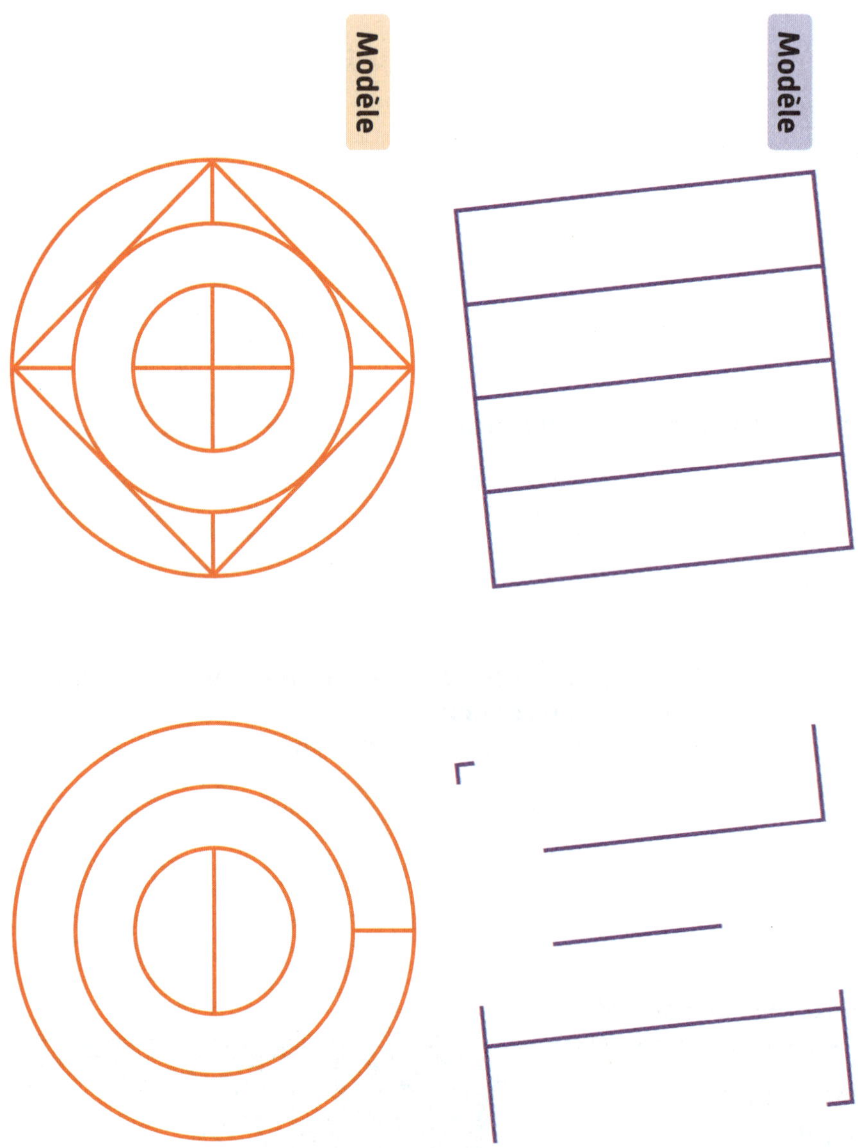

Compétence : Utiliser la règle comme instrument de tracé.

4 Représenter les nombres sur une demi-droite graduée

Manipulation
Guide p. 28

CALCUL MENTAL
Énoncer deux nombres
(du type : 6 d 7 u et 6 d 9 u)
et faire écrire le plus grand.

....

1 Quatre cyclistes participent à une course.
Voici la distance parcourue par chacun.

Complète la demi-droite graduée. **Entoure** la distance parcourue par chaque cycliste de la couleur de son maillot.

2 **Complète** chaque case avec le nombre correspondant.

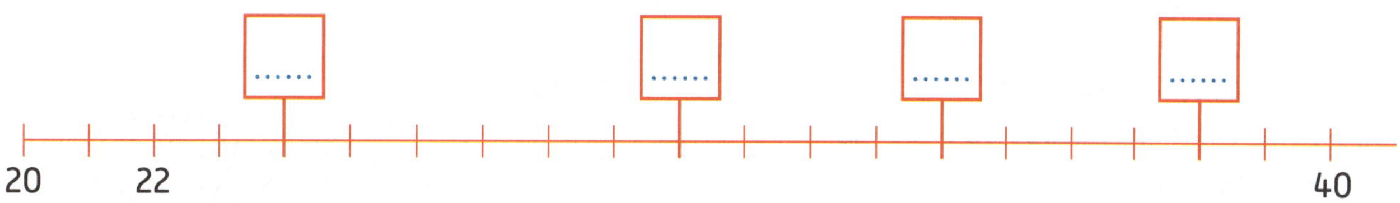

3 **Place** les nombres suivants dans les cases correspondantes : 24 , 11 , 49 , 62 , 86 , 73 , 28 .

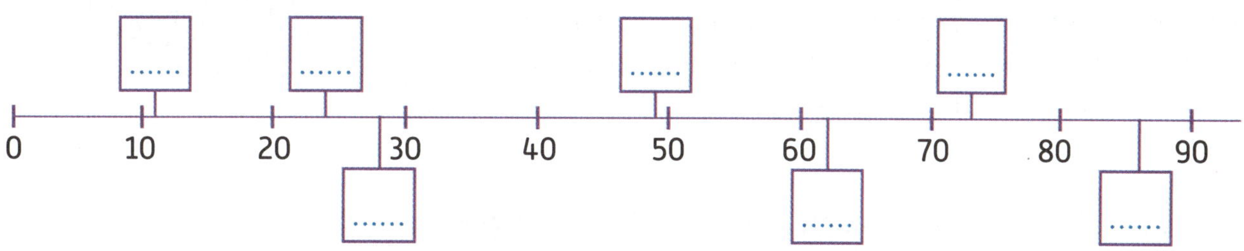

4 **Complète** chaque case avec le nombre correspondant. **Observe** bien les graduations.

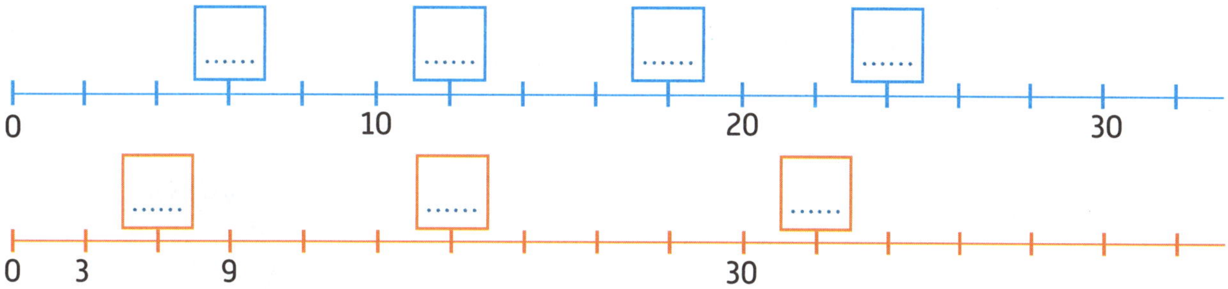

5 **Gradue** la droite de 10 en 10 à l'aide du gabarit fourni dans le matériel.

5 Exprimer une mesure avec la bonne unité

Manipulation
Guide p. 30

CALCUL MENTAL
Énoncer des calculs issus des tables d'addition de 2, 3, 4 et 5.

....

1 **Relie les objets aux unités correspondantes.**

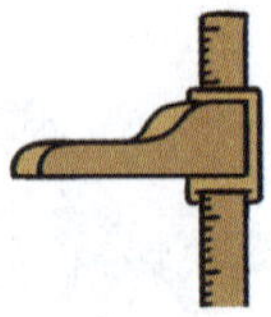
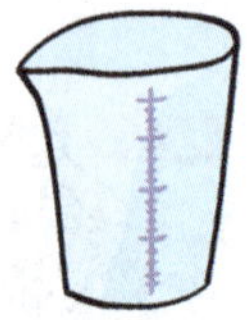

litre (L) mètre (m) centimètre (cm) kilogramme (kg)

heure (h) minute (min) gramme (g)

2 **Entoure la bonne unité.**

Il est 9 **heures / minutes**, Archi va faire des courses. C'est assez loin, à 3 **mètres / kilomètres** de chez lui.

Son bus arrive dans 5 **heures / minutes**.

Une fois arrivé, il va chez le poissonnier, et il achète 200 **grammes / kilogrammes** de crevettes. Cela lui coûte 4 **centimes / euros**.

Au marché, 300 **mètres / kilomètres** plus loin, il prend 1 **gramme / kilogramme** de pommes et de la salade. Cela lui coûte 3 **centimes / euros** et 50 **centimes / euros**.

3 Archi, Lali et Nino font des beignets. **Complète la recette avec les unités suivantes.**

kg g L h min € c

Recette des beignets

Temps de préparation : 1 ....

***

Temps de cuisson : 10 ....

***

Ingrédients (pour 32 beignets) :

1 .... de farine, 1 .... de lait, 200 .... de sucre,
4 sachets de levure, 150 .... de beurre,
8 œufs et 1 pincée de sel.

***

Prix (pour 32 beignets) : 6 .... et 99 ....

Compétence : Utiliser le lexique et les unités appropriés.

6 Additionner avec des nombres à 2 chiffres

Manipulation
Guide p. 32

CALCUL MENTAL
Énoncer des calculs issus des tables d'addition de 6, 7, 8 et 9.

....

1 Calcule en ligne comme Agatha.

Voici ma méthode :
16 + 32 = 10 + 6 + 30 + 2 = 40 + 8 = 48

24 + 31 = ...

35 + 14 = ...

28 + 15 = ...

56 + 37 = ...

33 + 18 = ...

13 + 44 + 32 = ...

2 Calcule en complétant le schéma.

43 + 17 = ...
+ 10 + 7
43 ....

19 + 37 = ...
+ 30 + 7
19 ....

26 + 25 + 47 = ...
+ 20 + 5 + 40 + 7
26 ....

28 + 16 = ...
+ 10 + 6
28 ....

14 + 48 = ...
+ 40 + 8
14 ....

23 + 36 + 17 = ...
+ 30 + 6 + 10 + 7
23 ....

3 Calcule en ligne avec la méthode de ton choix.

17 + 15 = ...

56 + 37 = ...

68 + 25 + 14 = ...

4 PROBLÈME Les élèves de CE2 de l'école La Fontaine sont répartis dans 3 classes.

Combien d'élèves de CE2 y a-t-il dans l'école ?

Calcule en ligne.

....

....

Classe	Nombre d'élèves
Classe CE1-CE2	11 élèves de CE2
Classe CE2 A	26 élèves
Classe CE2 B	23 élèves

Compétence : Calculer en utilisant des écritures en ligne additives.

7 Soustraire avec des nombres à 2 chiffres

Manipulation
Guide p. 34

CALCUL MENTAL
Énoncer des additions (nombres à 2 chiffres).

....

1 **Utilise** la demi-droite graduée pour calculer en ligne comme Agatha.

Pour calculer 34 – 28, je fais des sauts en reculant sur la demi-droite graduée :

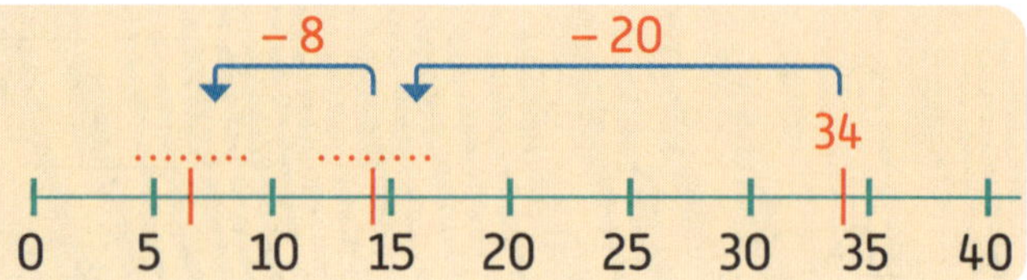

28 – 5 = ...

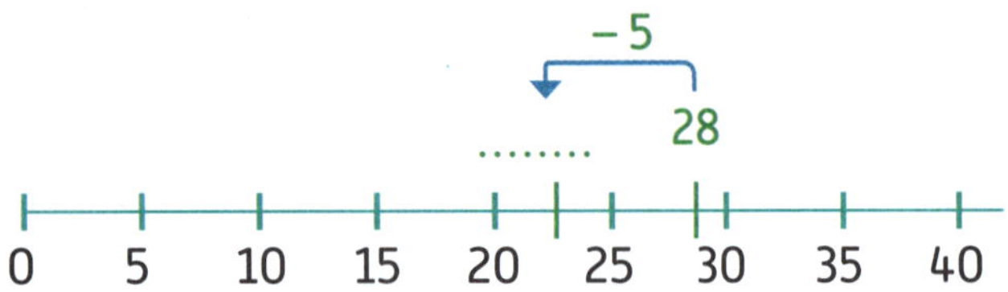

46 – 14 = ...

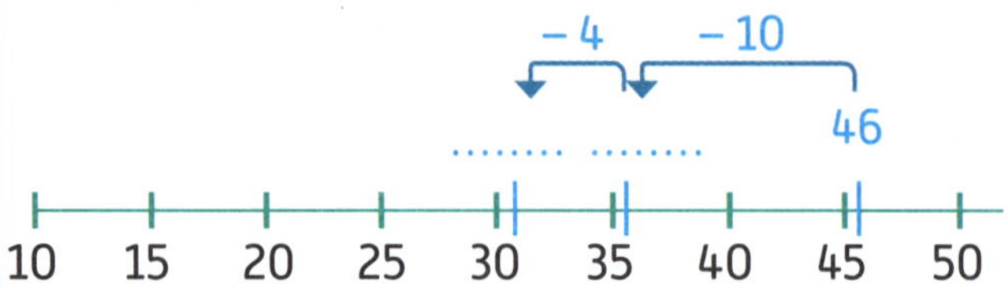

36 – 7 = ...

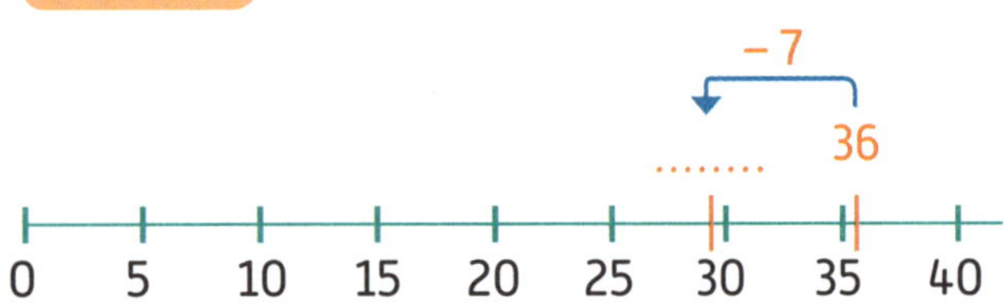

72 – 48 = ...

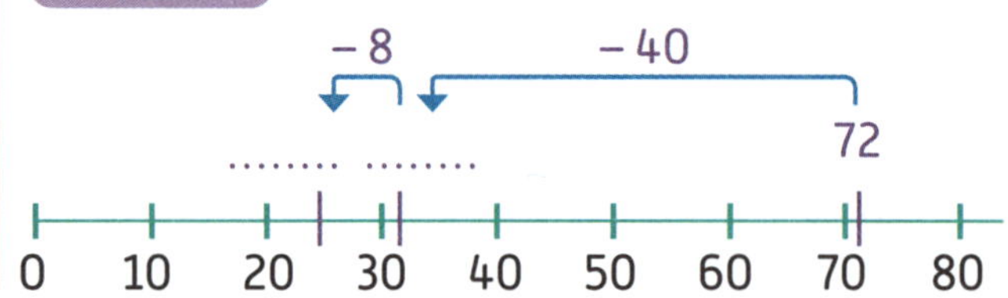

2 **Utilise** la demi-droite graduée pour calculer en ligne.

52 – 29 = ...

97 – 25 = ...

90 – 55 = ...

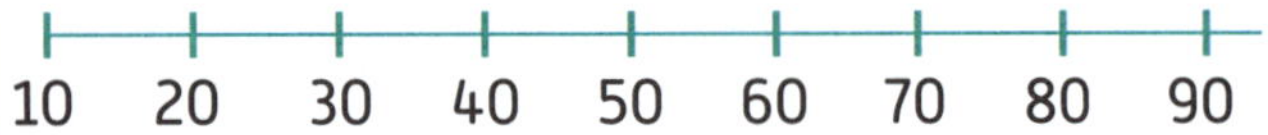

72 – 13 = ...

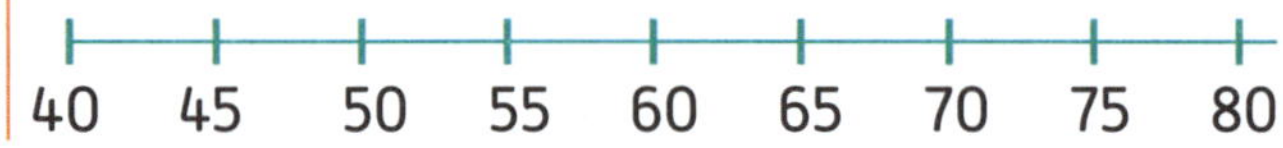

3 PROBLÈME Nino possède 42 BD, 63 figurines et 56 peluches.

a. Il a prêté 8 BD à Lali. Combien de BD lui reste-t-il ?

....

b. Il ne retrouve que 47 figurines. Combien de figurines a-t-il perdues ?

....

c. Il donne 18 peluches. Combien de peluches lui restera-t-il ?

....

Compétence : Calculer en utilisant des écritures en ligne soustractives.

8 Résoudre des problèmes d'addition et de soustraction

Manipulation
Guide p. 36

CALCUL MENTAL
Énoncer des soustractions (nombres à 2 chiffres).

....

* **1** Parmi les élèves de CM1, 16 portent des lunettes et 36 n'en portent pas.
Combien y a-t-il d'élèves de CM1 ?

....

* **2** Un spectacle doit être joué 85 fois. 43 représentations ont déjà eu lieu.
Combien de représentations doivent encore être jouées ?

....

....

** **3** Dans une salle de spectacle, il y a 64 chaises. Aujourd'hui, 90 spectateurs sont présents.
Combien de chaises manque-t-il pour que tous les spectateurs soient assis ?

....

....

** **4** Dans l'aquarium de l'école, il y a 26 poissons rouges, 31 poissons noirs, 17 poissons blancs et des poissons jaunes. Il y a 88 poissons en tout.
Combien y a-t-il de poissons jaunes dans l'aquarium ?

....

....

Compétence : Résoudre des problèmes relevant des structures additives.

CONNAÎTRE ET UTILISER LES NOMBRES JUSQU'À 100

1 * Les billes sont rangées dans des sacs de 10.
Indique la quantité de billes en chiffres.

= ....

= ....

= ....

2 * **Complète comme dans l'exemple.**

34	*trente-quatre*
....	seize
65	....
....	quatre-vingt-dix-huit
72	....
100	....

3 ** **Complète comme dans l'exemple.**

30 + 7	*3 d 7 u*
....	5 d 2 u
....	9 d 1 u
70 + 9	....
60 + 5	....

ADDITIONNER ET SOUSTRAIRE LES NOMBRES À 2 CHIFFRES

4 * **Calcule en ligne ces additions.**

17+31= ....

34+25= ....

49+26= ....

26+58= ....

5 ** **Calcule chaque opération sans la poser.**

8 + 12 + 16 = ...

....

33 + 17 + 11 = ...

....

25 + 17 + 24 = ...

....

6 * **Calcule en ligne ces soustractions.**

48 – 40 = ... 67 – 4 = ...

52 – 49 = ... 54 – 7 = ...

7 * **Place approximativement ces nombres sur la demi-droite graduée :**

76 89 15 35 98 50

8 * **Calcule à l'aide de la demi-droite graduée.**

48 – 26 = ...

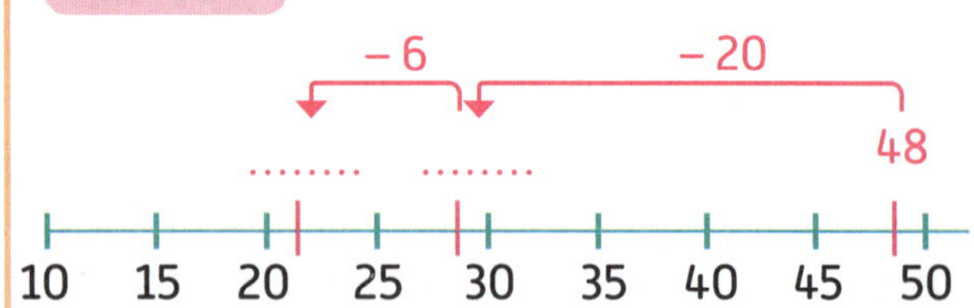

62 – 15 = ...

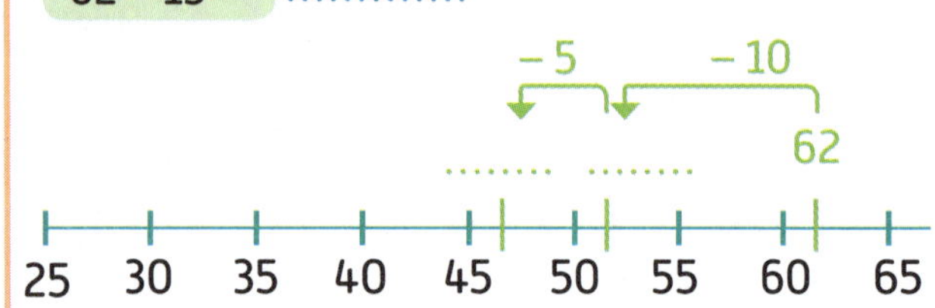

93 – 56 = ...

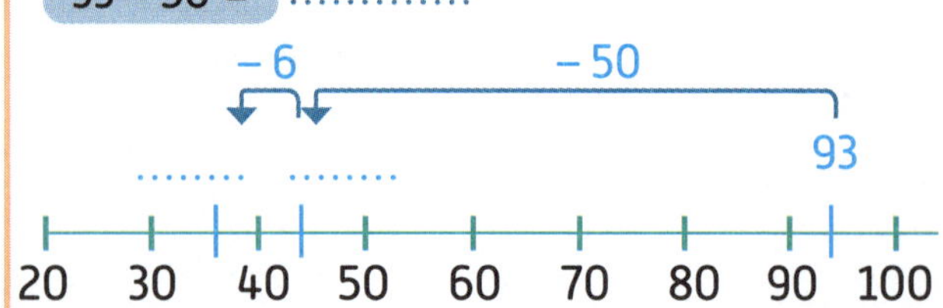

9 **Calcule** à l'aide de la demi-droite graduée.

68 – 33 = ...

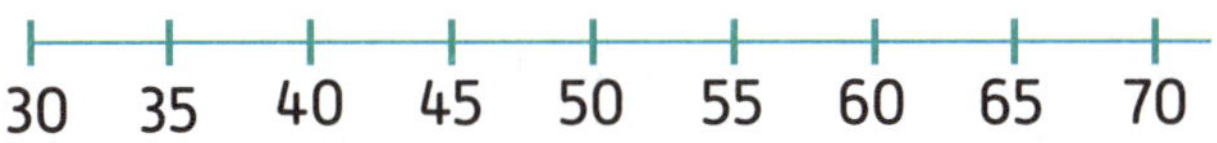

64 – 28 = ...

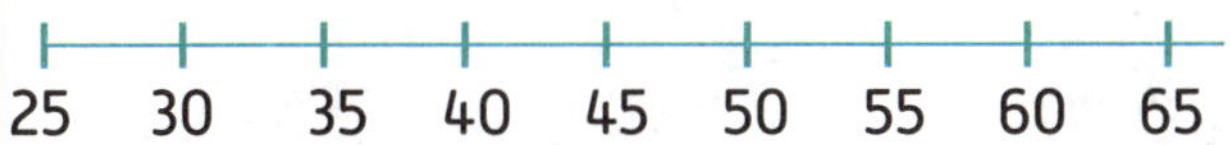

80 – 65 = ...

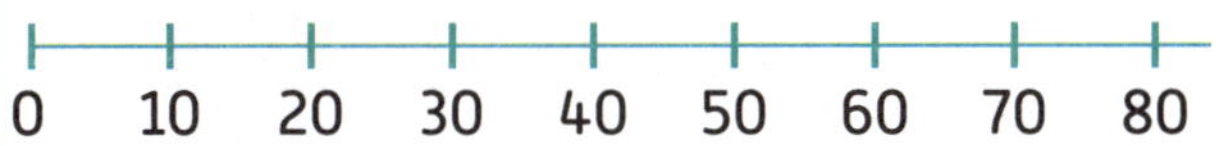

EXPRIMER UNE MESURE AVEC LA BONNE UNITÉ

10 **Complète** avec les unités suivantes :

heure(s) kilogramme(s) euro(s)

mètre(s) litre(s)

Noa et Lily sont allés faire des courses. Lily a trouvé une veste qui coûte 20 .... 200 .... plus loin, Noa a choisi des chaussures. Au marché, ils ont acheté 1 .... de pommes et 1 .... de lait. Ils sont rentrés 2 .... plus tard.

RÉSOUDRE DES PROBLÈMES

11 Archi fait cuire 64 croissants.
À la récréation, il en distribue 33 à ses amis.
Combien de croissants lui reste-t-il après la récréation ?

....

12 Pour préparer la fête de la rentrée, Nino achète un paquet de 45 ballons rouges et un paquet de 35 ballons jaunes.
Combien de ballons Nino a-t-il achetés ?

....

UTILISER LA RÈGLE COMME INSTRUMENT DE TRACÉ

13 **Complète** la figure tracée en bleu pour terminer de reproduire le modèle.

Modèle

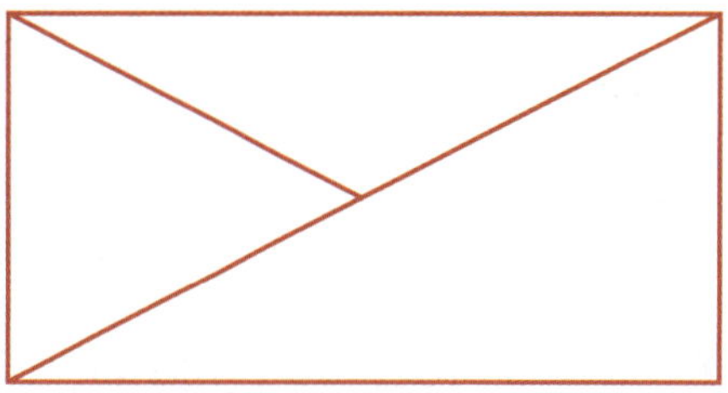

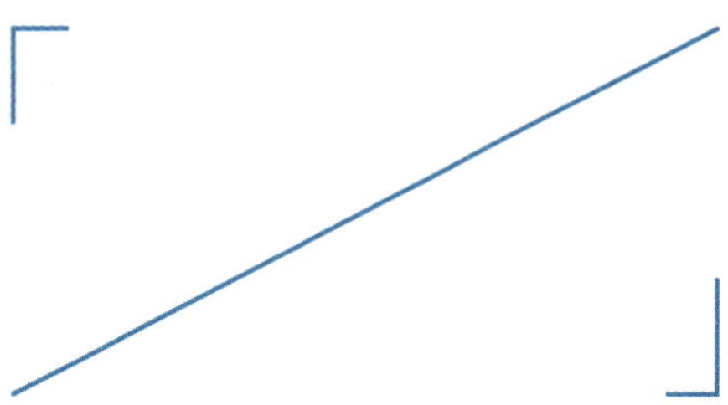

14 **Complète** la figure tracée en bleu pour terminer de reproduire le modèle.

Modèle

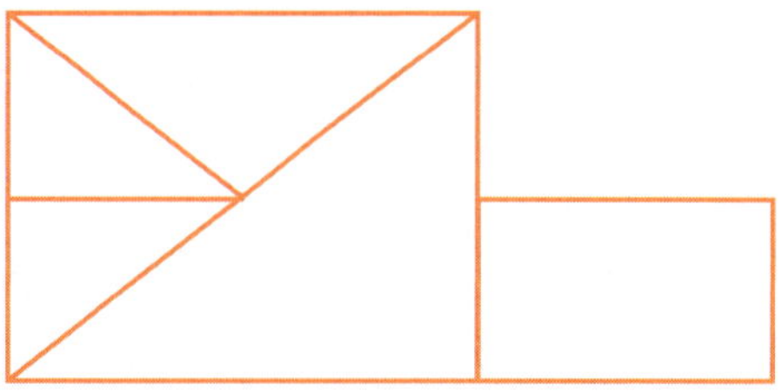

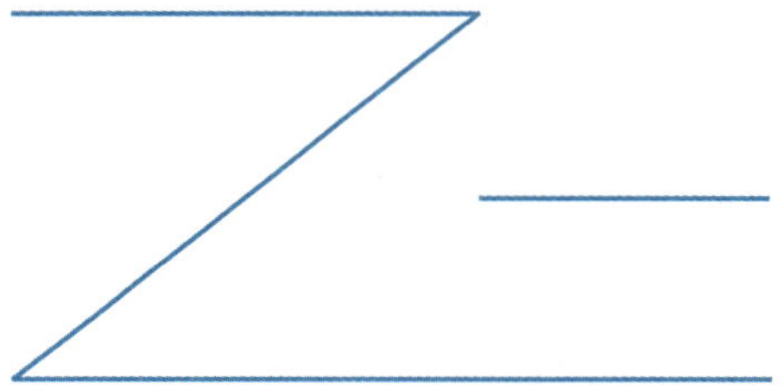

10 Lire, écrire, décomposer les nombres jusqu'à 999

Manipulation
Guide p. 38

CALCUL MENTAL
Énoncer des phrases du type : « J'ai 15 cartes, il m'en faut 20. Combien m'en manque-t-il ? »

.... | .... | .... | .... | ....

1 Lali, Agatha et Nino ont des pochettes qui contiennent 10 cartes et des albums qui contiennent 100 cartes. **Écris le nombre de cartes de chacun.**

Lali : ....

Agatha : ....

Nino : ....

2 Calcule.

300 + 20 + 6 = ... | 2 + 70 + 500 = ... | 30 + 5 + 200 = ... | 900 + 6 = ...

3 Écris les nombres en chiffres.

cent-dix-huit : .... | sept-cent-quatre : .... | deux-cent-soixante-dix-sept : .....

deux-cent-quarante : .... | cent-quatre-vingt-quinze : ...... | huit-cent-quatre-vingt-dix : ....

4 Écris les nombres correspondant aux décompositions.

2 c 1 d 4 u = ... 3 u 7 d 4 c = ...

4 c = ... 4 d 2 u 8 c = ...

2 c 3 u = ... 1 u 7 c = ...

5 Décompose les nombres comme dans l'exemple. ***Exemple :*** *485 = 4 c 8 d 5 u*

741 = ...

240 = ...

503 = ...

6 Écris les nombres en lettres.

300 : .... 408 : ....

762 : ....

178 : ....

7 PROBLÈME Aide Nino à recomposer le code secret à 3 chiffres du coffre-fort. Écris-le sur le coffre-fort.

- ✔ *Le chiffre des unités est le même que le chiffre des centaines.*
- ✔ *Le chiffre des dizaines est le double de 3.*
- ✔ *Le chiffre des unités est la moitié de 4.*

11 Comparer, ranger, encadrer les nombres jusqu'à 999

Manipulation
Guide p. 40

CALCUL MENTAL
Énoncer des nombres du type :
3 c 5 d 3 u. → Faire écrire le nombre correspondant.

....

1 Archi a organisé le championnat international de ramassage de pop-corn.

Qui a ramassé le plus de pop-corn ? ....

Qui en a ramassé le moins ? ....

Entre Nino et Tom, qui en a le plus ? ....

Entre Lou et Inès, qui en a le moins ? ....

2 **Complète avec < ou >.**

372 .... 200 + 60 + 4

156 .... 500 + 6

200 + 30 + 5 243

3 **Complète avec <, > ou =.**

8 c 4 d 2 u 824	508 .... 5 c 4 d 6 u
7 c 4 d 3 u 437	76 .... 7 c
2 c 3 u 203	600 .... 5 c 9 d 9 u

4 **Entoure les nombres compris entre 670 et 760.**

637 673 703 73 607

306 706 360 736

5 **Range dans l'ordre croissant.**

98 125 844 732 182

355 468 912

....

....

6 **Encadre chaque nombre comme dans l'exemple.** *Exemple : 120 < 126 < 130*

.... < 174 < ....

.... < 834 < ....

.... < 602 < ....

.... < 989 < ....

.... < 265 < ....

7 **Écris tous les nombres à 3 chiffres possibles en utilisant une seule fois 4, 5 et 7.**

....

Range-les dans l'ordre décroissant.

....

8 PROBLÈME **Complète la comparaison suivante avec tous les chiffres : 2, 3, 4 et 5.**

_5_ < _2_

9 PROBLÈME **Complète en utilisant 3 fois le même chiffre.**

1_7 < 13_ < _29

12 Ajouter, soustraire 1, 10, 100

Manipulation
Guide p. 42

CALCUL MENTAL
Énoncer deux nombres (du type : *2 c 3 d 8 u* et *5 c 4 d 1 u*) et faire écrire le plus grand.

....

1 **Effectue** correctement les calculs pour retrouver le code secret de chaque cadenas.

254 → (+ 10) → .... → (+ 1) → .... → (– 100) → .... → (+ 10) → ....

573 → (– 100) → .... → (+ 10) → .... → (+ 1) → .... → (– 100) → ....

386 → (+ 10) → .... → (+ 100) → .... → (– 1) → .... → (+10) → ....

2 **Complète** les séries de nombres.

312	412	512	....	....	....	....
556	566	576	....	....	....	....
605	604	603	....	....	....	....
246	236	226	....	....	....	....

3 **Observe** ce tableau puis **complète**-le.

....	....	....	....	....
....	....	187	....	....
....	277	287	297	....
....	....	387	....	....
....	....	....	....	....

4 **Utilise** uniquement les nombres 1, 10 et 100 pour trouver le nombre final.

526 → (........) → .... → (........) → .... → (........) → 637

410 → (........) → .... → (........) → .... → (........) → 499

293 → (........) → .... → (........) → .... → (........) → 404

687 → (........) → .... → (........) → .... → (........) → 796

5 **PROBLÈME** Archi doit ranger des œufs dans des boîtes pouvant en contenir 10. Il a déjà rempli 3 boîtes et il lui reste 83 œufs à ranger.

Combien d'œufs avait-il lorsqu'il a commencé ?

....

Compétence : Calculer en utilisant des écritures en ligne additives, soustractives.

13 Connaître les doubles et les moitiés

Manipulation
Guide p. 44

CALCUL MENTAL
Énoncer des opérations avec + 10.

....

1 Les enfants préparent une grande salade de fruits pour la fête de l'école.
Complète.

Il y a 6 pommes. Il en faut le double. C'est-à-dire : ....

Il y a 12 oranges. Il en faut la moitié. C'est-à-dire : ....

Il y a 10 bananes. Il en faut la moitié. C'est-à-dire : ....

Il y a 4 poires. Il en faut la moitié. C'est-à-dire : ....

Il y a 7 kiwis. Il en faut le double. C'est-à-dire : ....

2 **Calcule le double ou la moitié des nombres.**

	Le double
3	....
5	....
6	....
9	....
15	....
11	....
10	....

	La moitié
10	....
12	....
24	....
30	....
32	....
40	....
36	....

3 **Calcule le double ou la moitié des nombres.**

	Le double
25	....
42	....
121	....
33	....
50	....
75	....
101	....

	La moitié
84	....
200	....
50	....
60	....
264	....
120	....
150	....

4 **PROBLÈME** La magicienne voit 24 oreilles de lapin.
Combien de lapins cela fait-il ?

....

5 **PROBLÈME** Un réparateur de vélos doit changer les pneus de ses 43 vélos.
Combien de pneus doit-il changer ?

....

Compétence : Connaître les doubles et les moitiés des nombres d'usage courant.

14 Utiliser la règle graduée pour trouver des milieux

Manipulation
Guide p. 46

CALCUL MENTAL
Faire écrire le double de nombres compris entre 30 et 90.

....

1 Un danseur doit se placer exactement au milieu de la scène.
Repère **le milieu et marque-le d'une croix.**

Utilise ta règle graduée.

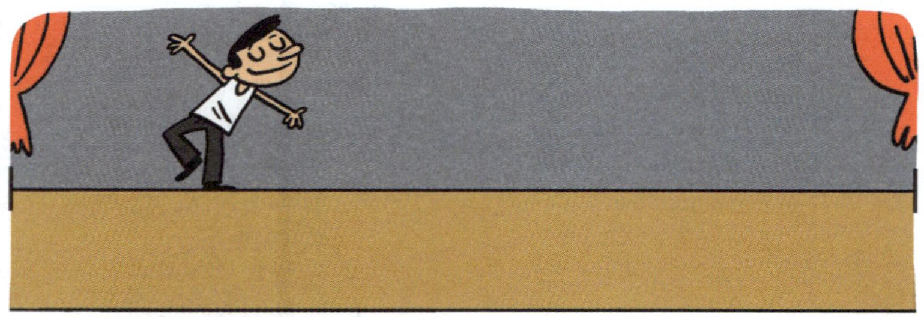

2 **Avec ta règle, mesure la longueur du segment [AB] puis place son milieu C.**

Longueur du segment : ....

3 **Trace un segment [DE] de 3 cm.**
Prolonge le segment pour que E soit le milieu de [DF].

4 Archi se rend chez Lali. Il veut se reposer au milieu du trajet.
Entoure l'endroit où Archi va se reposer.

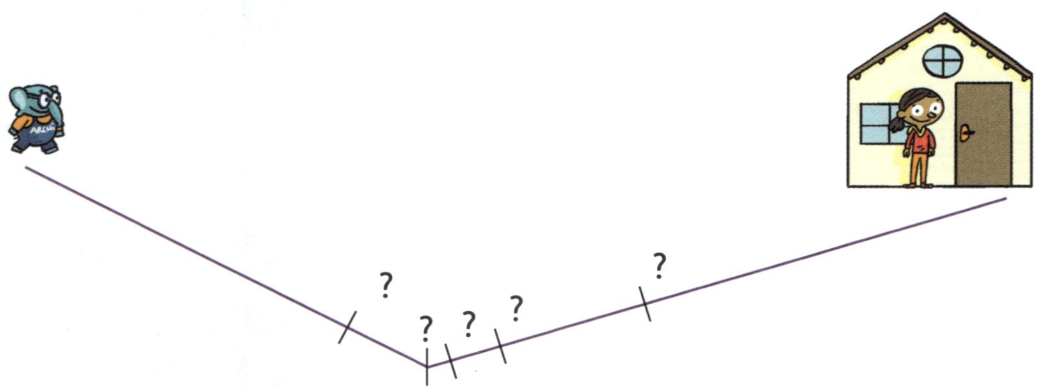

5 **PROBLÈME** La cheffe d'orchestre du spectacle a cassé sa baguette, il ne lui en reste que la moitié.
Trace un segment de longueur égale à la baguette entière.

15 Utiliser le calendrier (année, mois, semaine, jour)

Manipulation
Guide p. 48

CALCUL MENTAL
Faire écrire la moitié de nombres compris entre 40 et 100.

....

1 Le vendeur de billets a fait tomber le planning des spectacles à venir. Aide-le à tout remettre en ordre.
Colorie de la même couleur les dates identiques.

mercredi 24 février 2023 | 20/09/2023 | 25/05/23 | 24/02/2023 | 25/05/2023 | lundi 20 septembre 2023 | 20/09/23 | mardi 25 mai 2023 | 24/02/23 | 25 mai 2023 | 20 septembre 2023

2 Complète.

Une année dure .... mois.

Au mois de mai, il y a .... jours.

Il y a .... ou .... jours dans une année.

2020 est une année bissextile. Quelle est la suivante ? ....

3 Écris la date et complète les autres phrases.

Aujourd'hui, nous sommes le ....

Hier, nous étions le ....

Demain, nous serons le ....

Cette année, le 8 mai tombe un ....

Le lendemain du 8 mai sera un ....

Écris la date de ton prochain anniversaire. ....

4 Range ces dates dans l'ordre chronologique.

22 mai | 14 février | 25 décembre | 6 décembre | 31 janvier

....

5 PROBLÈME Un festival de films policiers débute le 21 mars et dure 18 jours.
Quand finira-t-il ?

....

16 Comprendre la multiplication

CALCUL MENTAL
Faire écrire le résultat d'additions de type : *79 + 20, 38 + 6 + 22.*

....

Manipulation
Guide p. 50

1 Les enfants sont au cinéma. Pour les entraîner à enquêter, Agatha leur demande de calculer rapidement le nombre de sièges de la salle. **Complète et trouve le nombre total de sièges.**

La salle est organisée en 3 rangées de 7 sièges. Pour trouver le nombre de sièges,

on peut calculer .... + ... + ... + ... + ... + ... + ... ou .... × ....

ou bien .... + ... + ... ou encore .... × ....

En tout, il y a .... sièges.

2 Le jardinier a planté des salades. **Complète les opérations et trouve le nombre total de salades plantées.**

.... + ... + ... + ... + ... + ... ou .... × ....

ou .... + ... + ... + ... ou .... × ....

En tout, il y a .... salades.

3 Le père de Lali a acheté des yaourts par paquets de 4. **Complète et trouve le nombre total de yaourts.**

.... + ... + ...

ou .... × ....

En tout, il a acheté .... yaourts.

4 Archi a 3 paquets de 10 autocollants. **Combien a-t-il d'autocollants en tout ? Complète.**

.... × .... = ...

....

5 **Quand c'est possible, écris sous chaque image la multiplication correspondant au nombre d'objets.**

....

....

Compétence : Comprendre le sens des opérations.

17 Résoudre des problèmes de multiplication

Manipulation
Guide p. 52

CALCUL MENTAL
Faire écrire le résultat de soustractions de type : *84 – 30*.

| .... | .... | .... | .... | .... |

* **1** Les élèves de la classe de Lali et Nino se mettent en rang par 2. Il y a 9 rangs.

a. **Combien d'élèves y a-t-il dans cette classe ?**

....

Les élèves de CE1 sont assis sur des bancs de 5 places. Ils sont tous assis sur 3 bancs.

b. **Combien d'élèves y a-t-il dans cette classe ?**

....

* **2** Un fleuriste a composé 6 bouquets. Dans chaque bouquet, il y a 2 œillets rouges et 1 tulipe orange.

a. **Combien d'œillets rouges y a-t-il en tout ?**

....

b. **Combien de fleurs y a-t-il au total ?**

....

** **3** Il y a 3 lapines dans un clapier. Chaque lapine est accompagnée de 2 lapereaux.

a. **Combien de lapereaux y a-t-il dans le clapier ?**

....

b. **Combien de lapins y a-t-il en tout dans le clapier ?**

....

*** **4** Agatha range ses paires de chaussettes dans cette commode.

a. **Combien de tiroirs y a-t-il dans cette commode ?**

....

Dans chaque tiroir, il y a 2 paires de chaussettes.

b. **Combien de paires de chaussettes y a-t-il ?**

....

c. **Combien de chaussettes y a-t-il en tout ?**

....

Compétence : Résoudre des problèmes relevant des structures multiplicatives.

18 Je m'entraîne

CONNAÎTRE ET UTILISER LES NOMBRES JUSQU'À 999

*1 Voici des albums et des pochettes de cartes.
Écris le nombre total de cartes.

= ....

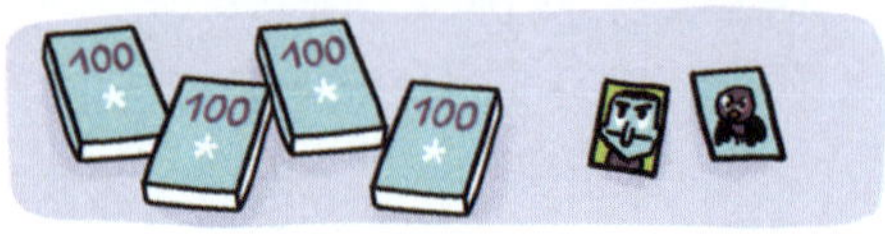

= ....

*2 **Complète le tableau.**

450	....
708	....
....	trois-cent-vingt-six
....	deux-cent-quatre

3 **Complète le tableau.

....	5 d 2 c 6 u
....	3 d 4 c
125	....
780	....

*4 **Range ces nombres dans l'ordre croissant.**

301 546 645 78 654 210

....

....

5 **Encadre chaque nombre comme dans l'exemple.

Exemple : 120 < 126 < 130

.... < 462 < ....

.... < 632 < ....

.... < 409 < ....

.... < 298 < ....

6 **Complète avec >, < ou =.

4 c 5 d 3 u 435	9 d .... 9 c
8 c 2 d 7 u 287	1 u 8 d 3 c 381
705 .... 5 c 7 u	6 c 7 u 4 d 674
87 .... 8c 7d	8 c 3 u 803

7 **Continue les séries de nombres.

174	274	374	....	....	....	....
245	255	265	....	....	....	....
206	205	204	....	....	....	....
434	424	414	....	....	....	....
496	497	498	....	....	....	....

*8 **Complète.**

Le double de 8 est ....

La moitié de 20 est ....

Le double de 25 est ....

La moitié de 80 est ....

Le double de 50 est ....

La moitié de 50 est ....

PASSER DE L'ADDITION À LA MULTIPLICATION

*9 **Colorie d'une même couleur l'addition et la multiplication qui lui correspond.**

8 + 8 + 8	5 + 5 + 5 + 5	2 × 6
4 × 4	10 + 10	6 × 3
2 × 10	3 × 8	2 + 2+ 2
7 + 7	4 + 4 + 4 + 4	6 × 2
6 + 6	2 + 2 + 2 + 2 + 2 + 2	4 × 5
2 × 7	3 + 3 + 3 + 3 + 3 + 3	3 × 2

10 **Écris une multiplication qui permet de calculer combien il y a de sièges dans cette salle de spectacle.**

Il y a le même nombre de sièges sur chaque rangée.

....

....

UTILISER LA RÈGLE GRADUÉE POUR TROUVER DES MILIEUX

11 **Mesure les segments suivants et trace une croix pour indiquer leur milieu.**

AB = ... CD = ... EF = ...

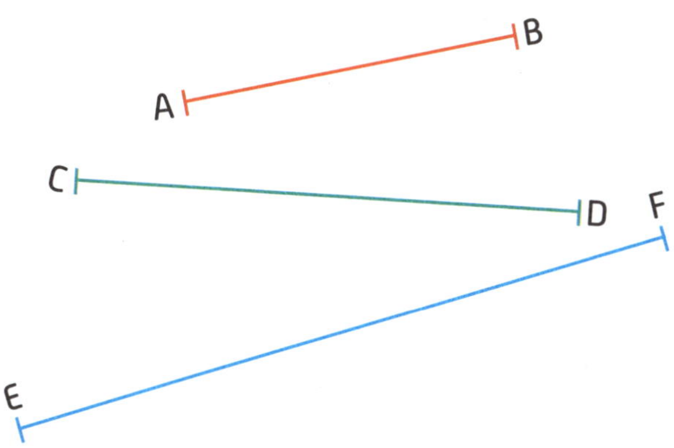

UTILISER LE CALENDRIER

12 **Transforme en jours.**

1 an = ... 1 semaine = ...

2 ans = ... 2 semaines = ...

4 ans = ... 4 semaines = ...

13 **Complète comme dans l'exemple.**

Exemple : 23 janvier : 23/01

17 mars : .... 15 décembre : ....

8 juin : .... 10 septembre : ....

12/05 : ....

14/07 : ....

11/11 : ....

RÉSOUDRE DES PROBLÈMES

Cherche dans ton cahier de brouillon.

14 Le cerisier dans le jardin de Nino a 3 branches principales. Il y a 6 oiseaux sur chacune de ces branches.
Un oiseau supplémentaire se trouve à la cîme de l'arbre.
Combien d'oiseaux y a-t-il sur cet arbre ?

....

....

15 Chaque semaine, le musée organise 50 visites guidées de 30 minutes.
Combien de visites guidées sont organisées en 4 semaines ?

....

....

16 Lali a 16 poires, 10 pommes, 8 kakis, 24 amandes et 30 noisettes.
Par rapport à Lali, Nino a la moitié de poires, la moitié de pommes, le double de kakis, le double d'amandes et la moitié de noisettes.
Complète le tableau en indiquant combien Nino a de fruits de chaque sorte.

	Lali	Nino
Poires	16	....
Pommes	10	....
Kakis	8	....
Amandes	24	....
Noisettes	30	....

19 Lire l'heure (h, min)

Manipulation
Guide p. 54

CALCUL MENTAL
Faire écrire la multiplication correspondant à une quantité.
Ex. : 3 paquets de 24 biscuits.

....

1 La paire de jumelles d'Agatha, qui lui venait de son ancêtre Sherlock Holmes, a disparu !
Lis l'emploi du temps de ces deux suspects et complète en indiquant les heures.

Suspect n°1

✔ *petit-déjeuner*
à ....

✔ *visite du zoo*
de ....
à ....

✔ *déjeuner au restaurant*
à ....

Suspect n°2

✔ *montée dans le bus*
à ....

✔ *piscine*
de ....
à ....

✔ *déjeuner chez lui*
à ....

Les jumelles ont disparu à 10 h 25. **Quel suspect était libre à ce moment-là ?** ....

2 Colorie les étiquettes qui indiquent la même heure que les pendules.

8 : 22 | 20 : 22 | 18 h 22

11 : 43 | 10 h 43 | 11 heures quarante-trois

5 heures trente | 4 : 30 | 16 h 30

7 h 42 | 8 : 07 | 20 heures 33

3 Dessine l'aiguille de l'heure en rouge et l'aiguille des minutes en bleu.

3 : 30

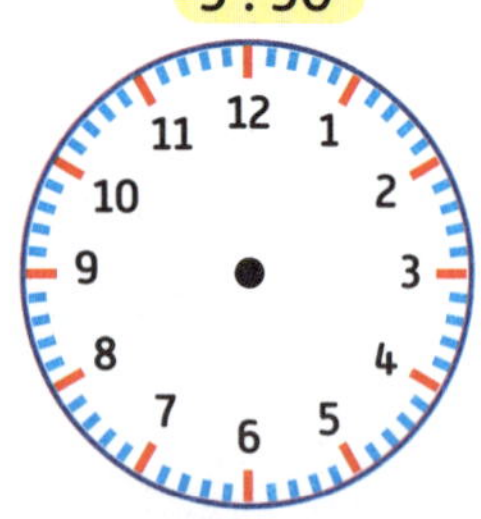

8 : 06

16 : 20

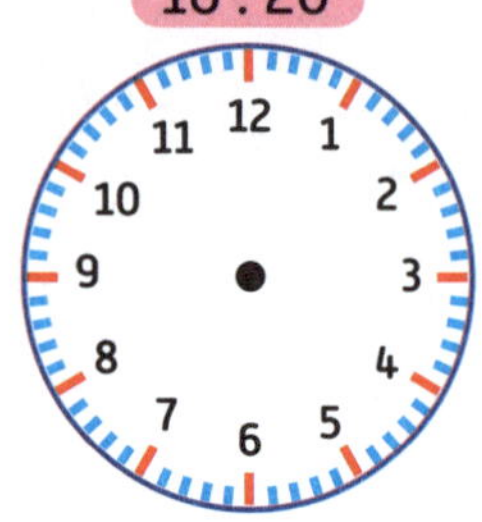

23 : 58

4 PROBLÈME Écris l'heure de chaque activité, puis indique leur ordre dans les cadres.

lecture à ....

sport à ....

écriture à ....

dessin à ....

Compétence : Connaître les unités de mesure de durée et certaines de leurs relations.

20 Représenter le nombre 1 000

Manipulation
Guide p. 56

CALCUL MENTAL
Énoncer des additions avec l'ajout de 90 unités.

....

1 **Colorie** en **vert** 1 000 cubes pour Lali et en **rouge** 1 000 cubes pour Nino.

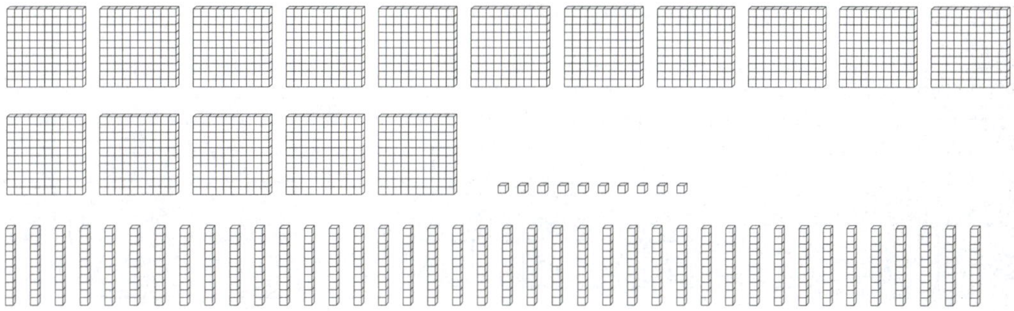

2 Archi a cassé le cube en 1 000 morceaux.
Complète.

S'il recolle les cubes par barres de 10, il fabriquera .... barres.
Donc 1 000, c'est .... dizaines.
S'il recolle les cubes par plaques de 100, il fabriquera ....
plaques. Donc 1 000, c'est .... centaines.

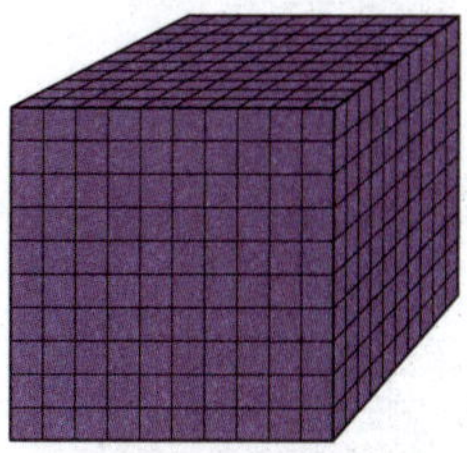

3 **Complète les suites de nombres.**

500	600	700	....	....	....
950	960	....	....	....	....

....	....	998	999	....
....	....	....	800	1 000

4 **En utilisant ta règle, marque sur la droite les graduations et les nombres correspondants entre 900 et 1 000.** La droite est graduée de 10 en 10.

5 **Relie le nombre 1 000 aux écritures qui lui sont égales.**

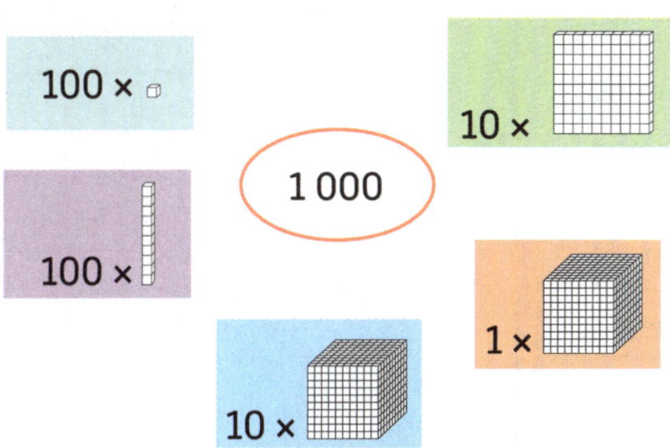

6 **PROBLÈME** Pour gagner un jeu, il faut atteindre 1 000 points. Lali a 890 points et Nino a 910 points. Au cours de la dernière partie, Lali marque 110 points et Nino marque 50 points.
Qui a gagné la partie ?

....

21 Décomposer le nombre 1 000

CALCUL MENTAL
Faire écrire le complément pour arriver à 1 000.

....

Manipulation
Guide p. 58

1 **Dans chaque cas, entoure les boîtes pour avoir 1 000 briques de construction et écris l'opération correspondante.**

1 000 = ... × ....

1 000 = ... × ....

1 000 = ... × ....

2 Les croix représentent les flèches lancées sur la cible. **Complète chaque cible en ajoutant des croix pour que le score soit de 1 000 points.**

3 Le score de chaque cible est de 1 000 points.
Complète la valeur de la zone blanche.

100 + 100 + 100 + 100 + 100 = ...
500 + ... = 1 000
La zone blanche de la cible vaut donc .... points.

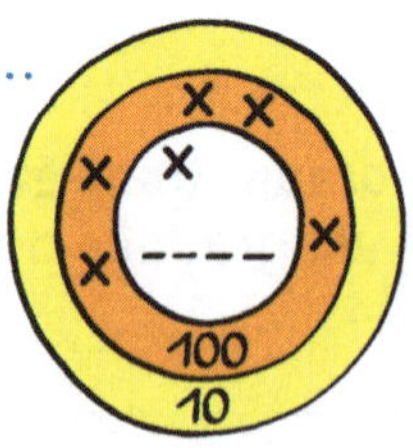

100 + 100 = ...
500 + ... + ... = 1 000
La zone blanche de la cible vaut donc .... points.

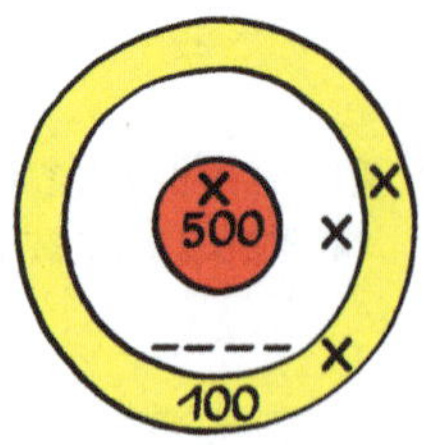

4 **PROBLÈME** **Colorie seulement les cases qui font 1 000.**

10 c	10 + 100			9 c + 1 c	8 c + 2 u	90 d + 10 d	20 d + 20 d	2 × 500	10 d + 2 d	10 d	500 + 500	80 + 20		4 × 250		
9 c + 10 d	999 + 1	980 + 10	800 + 200	2 × 500		300 + 700	30 + 770	80 d + 20 d	900 + 1		2 c + 800	80 d	450 + 5	10 c	900 + 1	
	150 + 15	900 + 100	320 + 56					990 + 10	90 d			600 + 400		100 d	2 × 500	7 + 3
		100 + 10	13 d + 35 d						100 d						3 × 500	
														998 + 2		

Compétence : Utiliser diverses représentations des nombres.

22 Se repérer sur un quadrillage

CALCUL MENTAL
Faire écrire le nombre qui précède 1 000, le nombre de centaines dans 1 000, etc.

…….. …….. …….. …….. ……..

Manipulation
Guide p. 60

1 Des affaires sont éparpillées sur la scène du spectacle.
Écris les coordonnées des objets suivants.

(……..,……..) (……..,……..)

(……..,……..) (……..,……..)

Place ces points de couleur sur le quadrillage :

● (H,3) ● (F,8)

● (E,6) ● (D,5)

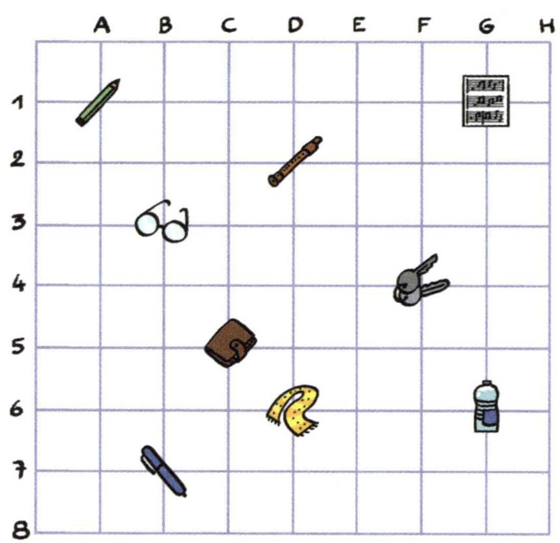

2 **Sur le quadrillage, colorie les cases suivantes.**

E,2 F,2 E,3 F,3 G,3 A,4 E,4 B,5
C,5 D,5 E,5 B,6 E,6 B,7 E,7

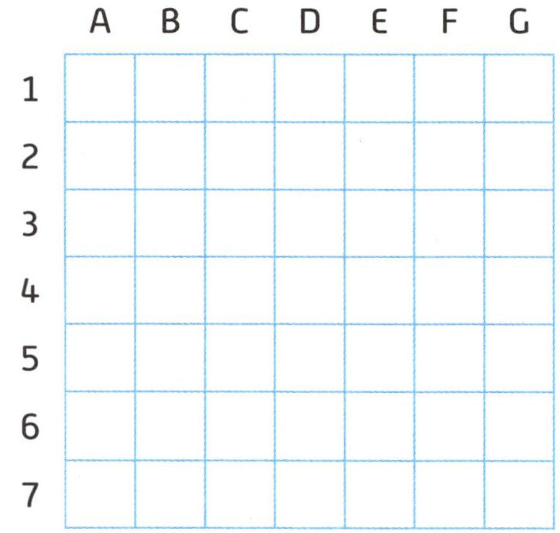

3 **Relie en bleu les nœuds suivants :**

A,1 → B,2 → C,2 → D,1
→ D,5 → C,6 → B,6
→ A,5 → A,1

Relie en rouge les nœuds suivants :

B,4 → C,4 → C,5
→ B,5 → B,4

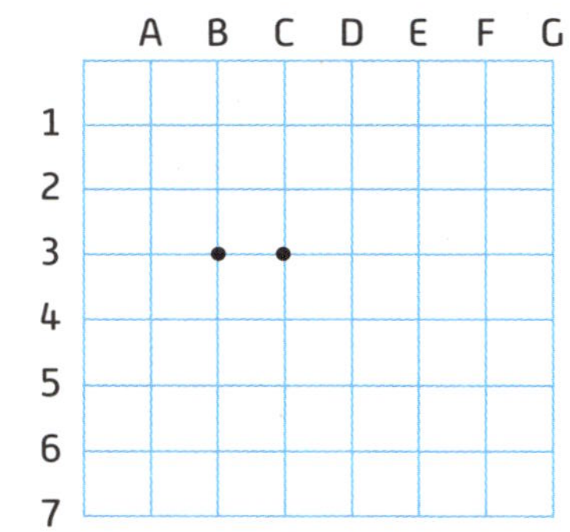

4 PROBLÈME **Additionne les nombres contenus dans les cases A,2 , B,1 et C,3 .**

	A	B	C	D
1	13	7	12	58
2	6	24	23	60
3	5	59	46	17

Dans quelle case du quadrillage trouve-t-on ce résultat ?

………………………………………………………………

23 Reproduire des figures géométriques sur quadrillage

Manipulation
Guide p. 62

CALCUL MENTAL
Énoncer des additions avec l'ajout de 9 unités.

....

1 **Avec ta règle, reproduis le triangle et le carré à partir des sommets qui sont placés.**

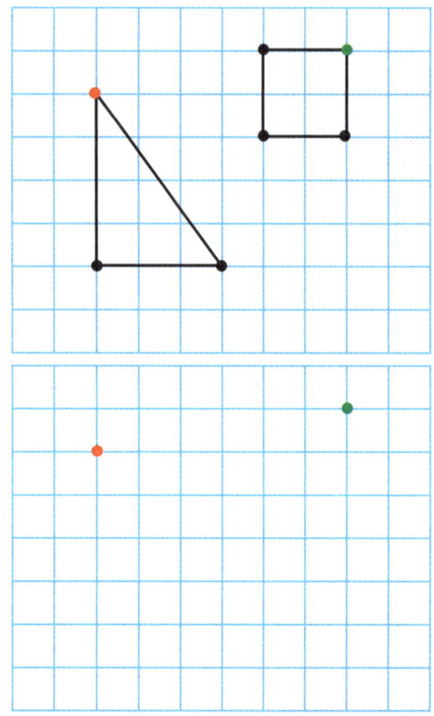

2 **Reproduis ces figures.**

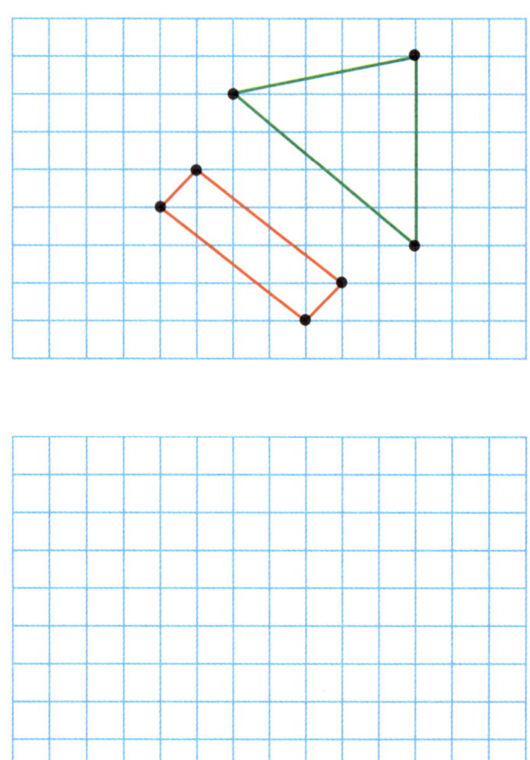

3 **Reproduis cet ensemble de figures.**

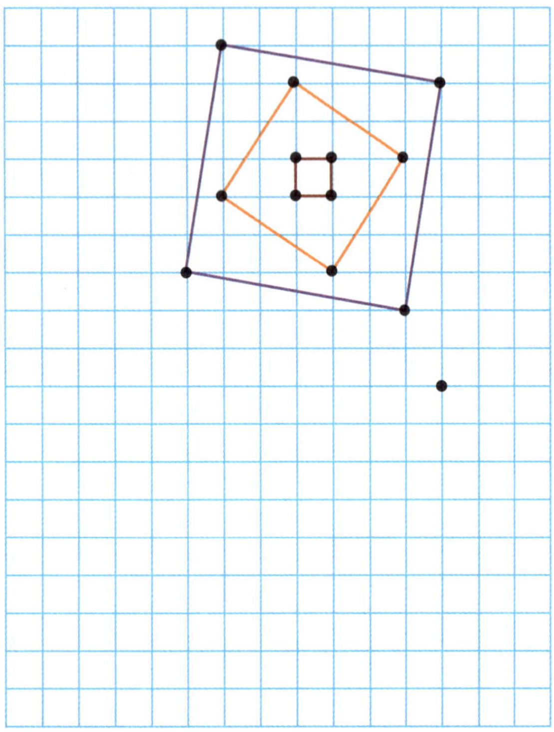

4 **Reproduis cet ensemble de figures.**

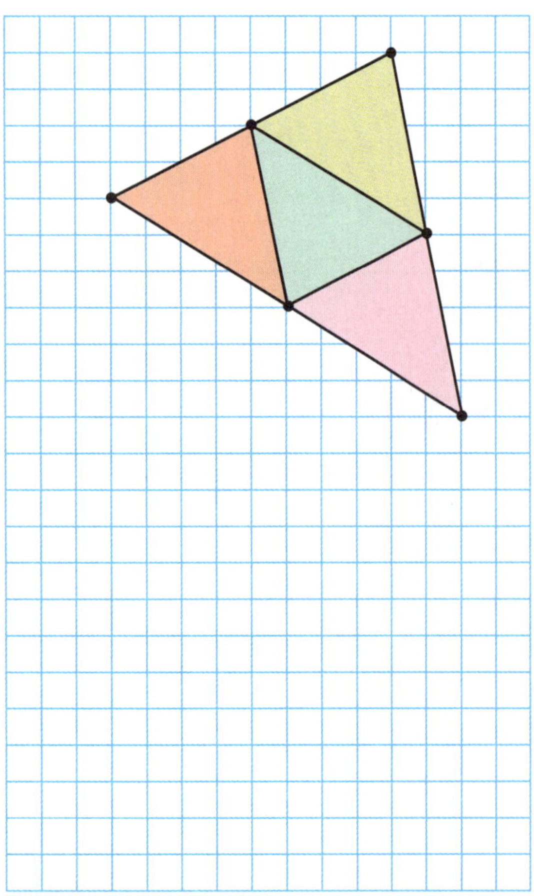

Compétence : Reproduire des figures ou des assemblages de figures planes sur papier quadrillé.

24 Résoudre des problèmes avec un schéma

Manipulation
Guide p. 64

CALCUL MENTAL
Énoncer des additions avec l'ajout de 90 unités.

....

* 1 Complète les schémas avec les nombres de l'énoncé. Résous les problèmes.

Une roue de vélo comporte 64 rayons. 48 sont en bon état, les autres doivent être remplacés.
Combien de rayons faut-il remplacer ?

....	
....	?

....

Un pâtissier prépare deux tartes aux fraises. Dans la première, il met 30 fraises et dans la seconde il en met le double.
Combien a-t-il mis de fraises dans ses tartes ?

?	
30	....

....

** 2 Complète le schéma avec les informations de l'énoncé et résous le problème.

Lali, Nino, Agatha et Marius remplissent un panier avec 60 mirabelles.
Lali en apporte la moitié, et les trois autres enfants en apportent chacun autant.
Combien chaque enfant apporte-t-il de mirabelles ?

....			
....	.....	.....	.....

....

*** 3 Complète cet énoncé de problème.

a. Choisis une des deux situations en la coloriant :

Des voyageurs montent dans le bus. ou Des voyageurs descendent du bus.

b. Choisis un nombre et une action.

Dans le bus, Nino compte 46 voyageurs.

Lorsqu'il s'arrête, ... voyageurs montent / descendent.

c. Complète le schéma et résous le problème.
Combien de voyageurs y a-t-il maintenant dans le bus ?

....	
....	....

....

....

CONNAÎTRE ET UTILISER LES NOMBRES JUSQU'À 1 000

*** 1 Complète.**

100 = ... u = ... d = ... c

100 = ... × 10

1 000 = ... u = ... d = ... c = ... m

1 000 = ... × 100 = ... × 10

*** 2 Complète pour faire 1 000.**

400 + ... 50 + ...

100 + ... 750 + ...

300 + ... 550 + ...

**** 3 Colorie les décompositions égales à 1 000.**

60 + 40	100 d	500 + 200
9 c + 100	999 + 10	10 u
10 c	1 000 u	10 d
100 c	10 + 1 990	100 u
999 + 1	400 + 500	500 + 500

**** 4 Écris le nombre de points de chaque cible.**

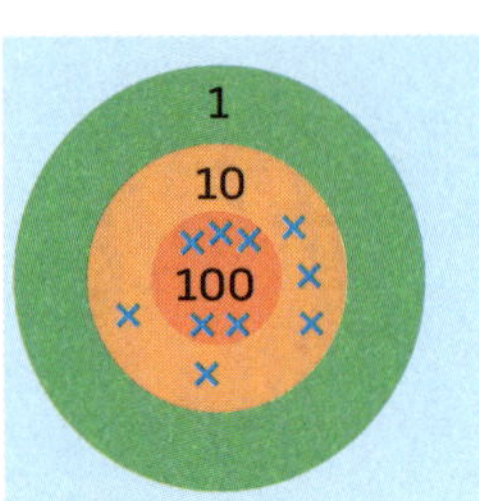

....

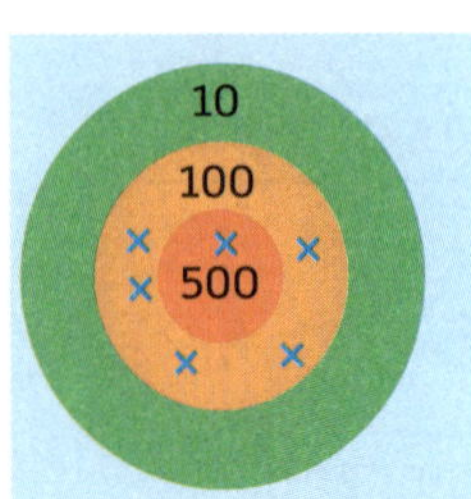

....

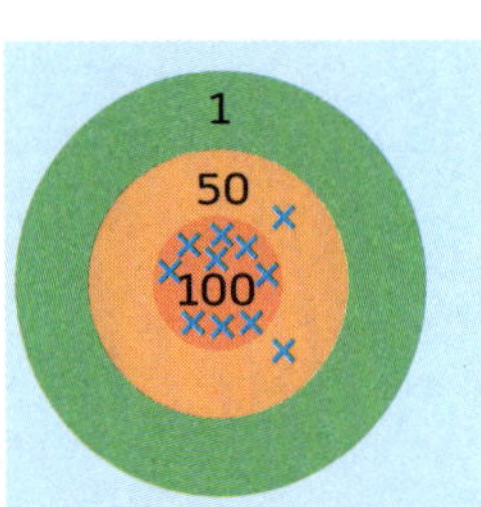

....

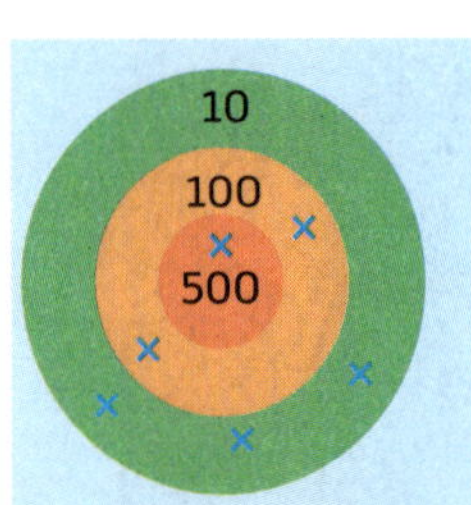

....

LIRE L'HEURE EN HEURES ET MINUTES

*** 5 Écris l'heure indiquée par chaque horloge.**

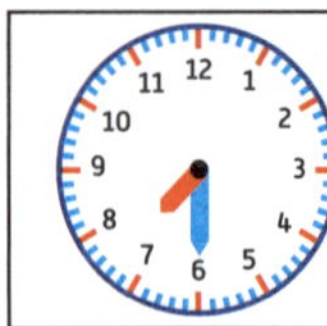	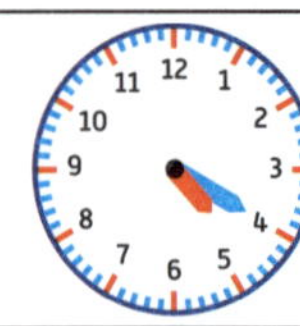	
....	....	....

**** 6 Dessine l'aiguille des heures en rouge et l'aiguille des minutes en bleu.**

8 h 30	9 h 40	12 h 10
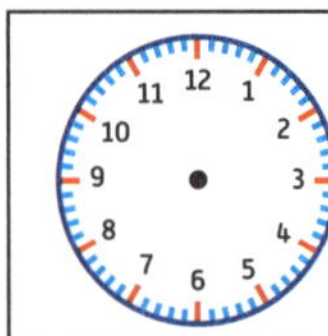		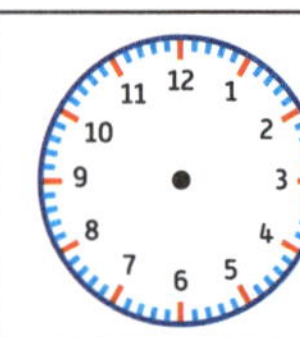

***** 7 Complète le tableau comme dans l'exemple.**

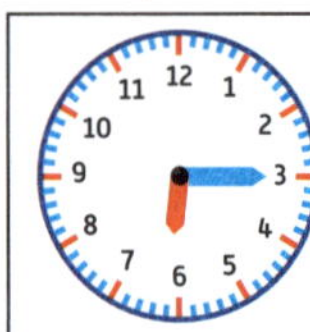		
Matin : 6 h 15	Matin :	Matin : ....
Après-midi : 18 h 15	Après-midi :	Après-midi : ....

RÉSOUDRE DES PROBLÈMES AVEC DES SCHÉMAS

*** 8** Dans une salle de spectacle, il y a 976 chaises. On en ajoute 10.
Combien de chaises y a-t-il en tout ?

....	
....	....

....

....

9 Coralie et Julie sont allées ramasser des châtaignes. Elles en ont récolté 85 à elles deux. Coralie en a compté 56 dans son panier. **Combien Julie a-t-elle ramassé de châtaignes ?**

....	
....	....

....

10 Le directeur de l'école doit acheter 1 000 crayons, 1 000 cahiers et 1 000 gommes :
- les crayons sont vendus par lots de 10 ;
- les cahiers par paquets de 100 ;
- les gommes par boîtes de 500.

a. **Combien de lots de crayons doit-il acheter ?**

....

b. **Combien de paquets de cahiers doit-il acheter ?**

....

c. **Combien de boîtes de gommes doit-il acheter ?**

....

11 La directrice du conservatoire a dépensé 780 € pour acheter des instruments de musique. Elle a dépensé aussi 220 € pour acheter des partitions.
Combien d'euros a-t-elle dépensés en tout ?

....	
....	....

....

12 Xavier s'achète un manteau à 160 €. Arnault souhaiterait en trouver un du même style mais à moitié prix.
Combien espère dépenser Arnault ?

....	
....	....

....

SE REPÉRER EN UTILISANT UN QUADRILLAGE

13 **Relie les nœuds suivants :**
E,1 → F,4 → I,4 → G,6 → H,9 → E,7 → B,9 → C,6 → A,4 → D,4 → E,1

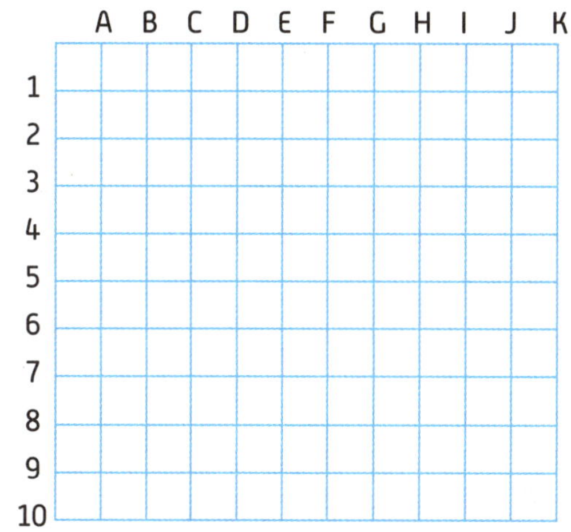

14 **Reproduis ces 2 triangles.**

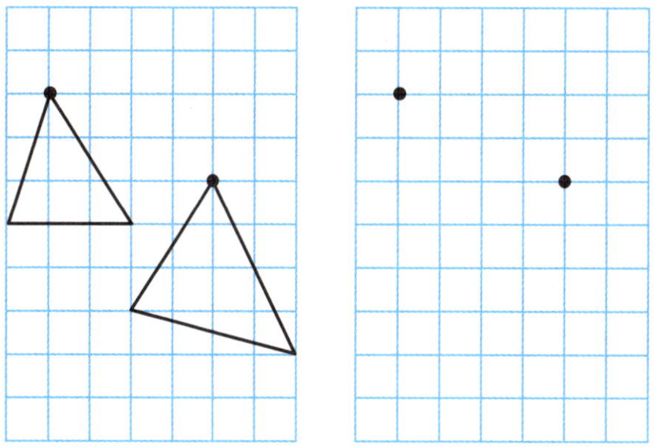

15 **Reproduis le modèle.**

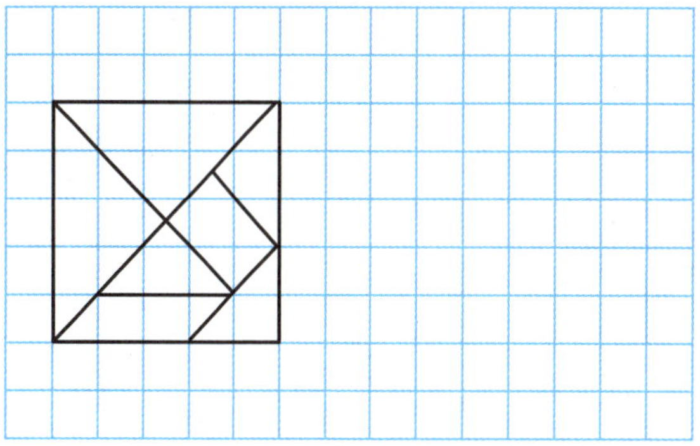

séances 1 à 25

BILAN

1 Complète avec > et <.
Comparer des nombres entiers.

75 52	89 98	127 83	699 873
593 539	713 .... 8 c 4 d 1 u	386 .... 6 c 8 d 3 u	605 .... 5 c 6 u

2 Décompose ces nombres en unités de numération.
Décomposer et recomposer un nombre.

89 = ... d .... u

126 = ... c .... d........ u

348 = ...

697 = ...

450 = ...

3 Écris ces nombres en chiffres.
Décomposer et recomposer un nombre.

5 d 9 u = ...

100 d = ...

5 c 4 d 9 u = ...

7 c 6 d 3 u = ...

10 c = ...

4 Calcule en ligne.
Calculer en utilisant des écritures en ligne additives.

26 + 34 = ...

19 + 36 = ...

23 + 18 = ...

13 + 25 + 7 = ...

5 Calcule en ligne.
Calculer en utilisant des écritures en ligne soustractives.

55 – 6 = ...

52 – 29 = ...

15 20 25 30 35 40 45 50 55

65 – 7 = ...

71 – 25 = ...

35 40 45 50 55 60 65 70 75

6 Complète le texte dans les bulles.
Mesurer des durées en h et min.

J'ai un rendez-vous à ....

Je dois rejoindre Nino à ....

Demain matin, je dois me lever à ....

7 Reproduire des assemblages de figures planes sur papier quadrillé.

Reproduis la figure.

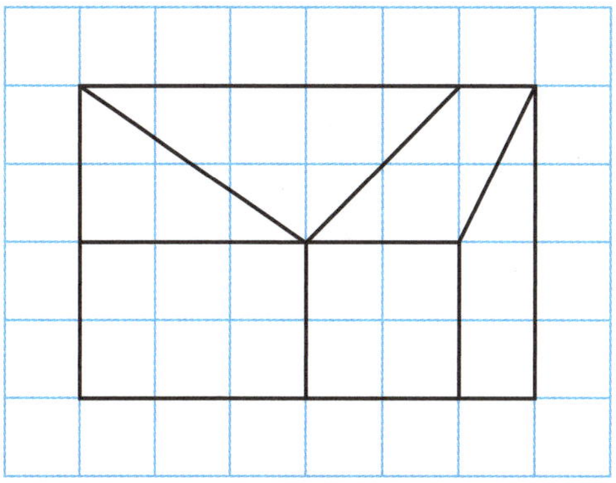

8 Mesurer des longueurs avec un instrument adapté. Trouver le milieu d'un segment.

Trace un segment [AB] de 7 cm. Prolonge le segment pour que B soit le milieu de [AC].

9 Comparer les unités de mesure usuelles de durées.

Range ces dates de la plus ancienne à la plus récente.

5 août 1993 | 08/05/1945 | 19 septembre 2013 | 8 décembre 1945

17/11/2013 | 01/09/2020 | 01/09/2013 | 09/01/2013

....

....

10 Résoudre des problèmes d'addition ou de soustraction.

Une course de bateaux commence.
80 voiliers sont au départ.
Au bout de 10 heures,
37 bateaux sont déjà arrivés.

Combien de bateaux restent en course ?

Tu peux compléter le schéma pour t'aider.

....	
....	....

....

....

11 Résoudre des problèmes d'addition ou de soustraction.

Lali et Nino vont à la boulangerie pour acheter des bonbons. Lali en achète 15 et Nino en achète le double de Lali.

Combien achètent-ils de bonbons à eux deux ?

Tu peux compléter le schéma pour t'aider.

....	
Lali : 15	Nino : ....

....

....

Triangles magiques

Le nombre dans le carré est la somme des deux nombres dans les cercles de chaque côté. **Complète les figures.**

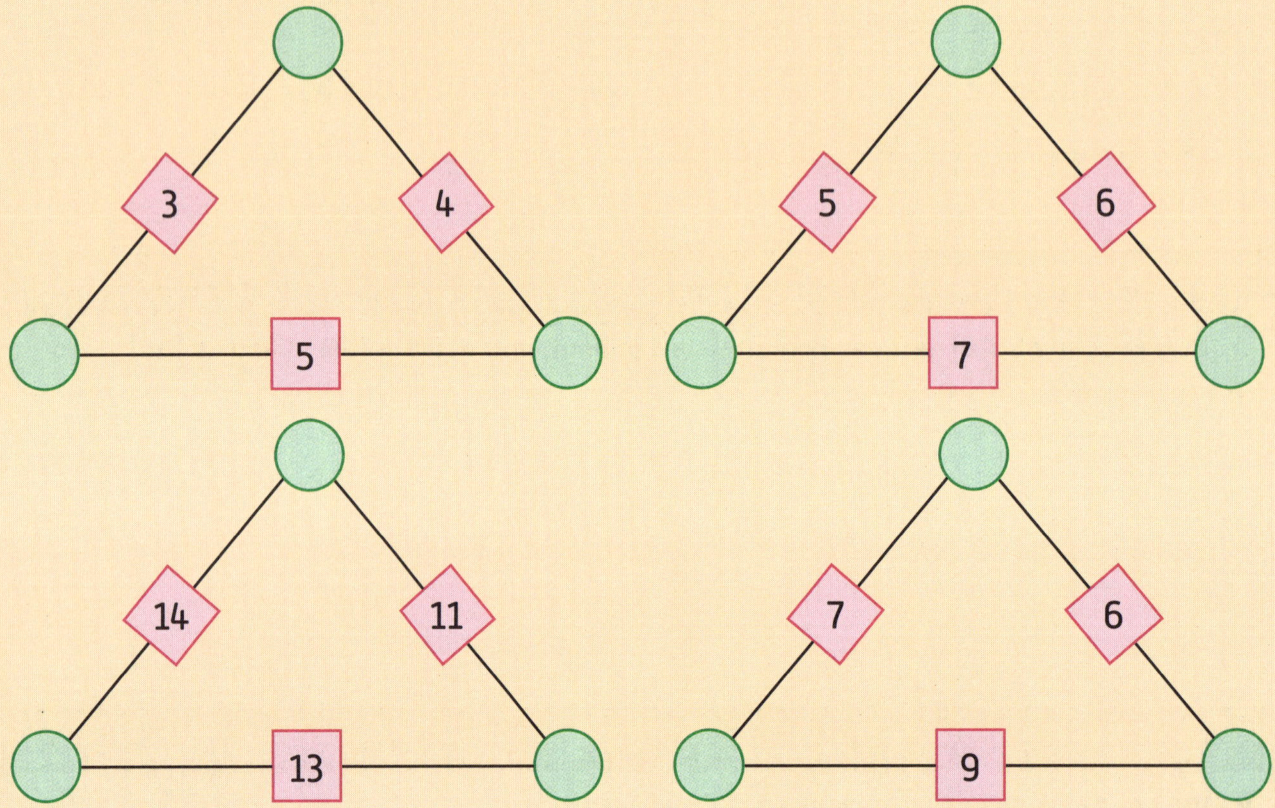

Les figures effacées

Une partie des figures de droite a disparu ! **Complète les figures comme le modèle.**

Le labyrinthe

Trouve la sortie du labyrinthe. Les réponses justes indiquent le bon chemin.

ENQUÊTE À

Défi animé
lienmini.fr/archice2-defi03

Défi 3 *Effectuer des multiplications*

L'AQUARIUM

Défi animé
lienmini.fr/archice2-defi04

Défi 4 *Mesurer des contenances*

28 Additionner avec des nombres à 3 chiffres

Manipulation Guide p. 72

CALCUL MENTAL
Énoncer des additions (compléments à la centaine supérieure).

....

1 Calcule en ligne comme dans l'exemple.

Exemple : 157 + 326 = 100 + 50 + 7 + 300 + 20 + 6 = 400 + 70 + 13 = 483

347 + 412 = ...

568 + 134 = ...

254 + 449 = ...

673 + 327 = ...

2 Utilise le schéma pour calculer en ligne.

245 + 134 : + 100, + 30, + 4
245 ....

361 + 549 : + 500, + 40, + 9
361 ....

126 + 214 : + 200, + 10, + 4
126 ....

482 + 518 : + 500, + 10, + 8
482 ....

3 Calcule en ligne comme dans l'exemple.

Exemple : 146 + 252 = 146 + 200 + 50 + 2 = 346 + 50 + 2 = 396 + 2 = 398

612 + 358 = ...

458 + 145 = ...

544 + 456 = ...

4 Calcule en ligne avec la méthode de ton choix.

602 + 199 = ...

175 + 238 = ...

552 + 349 = ...

5 PROBLÈME Agatha et Archi font une salade de fruits.
Ils mettent dans le saladier 130 g de poires, 220 g de pommes, 165 g d'oranges et 80 g de raisin.

Quelle est la masse de la salade de fruits ?

Calcule en ligne.

....

....

Compétence : Calculer en utilisant des écritures en ligne additives.

Calcul en ligne

29 Soustraire avec des nombres à 3 chiffres

Manipulation
Guide p. 74

CALCUL MENTAL
Énoncer des additions (ajout de nombres à 3 chiffres).

....

1 **Calcule** en ligne avec la demi-droite graduée.

856 – 534

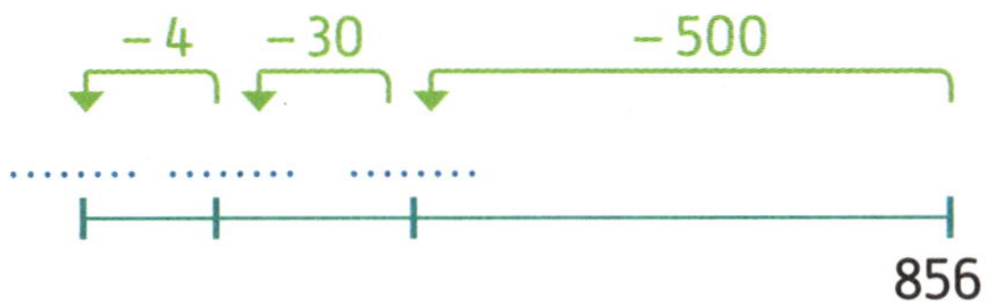

1 000 – 362

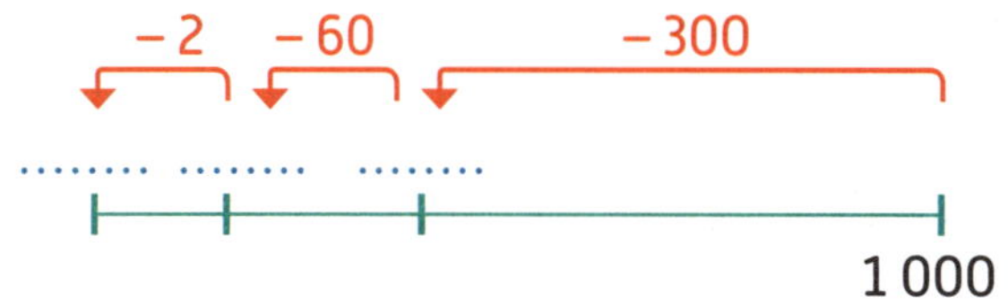

738 – 216

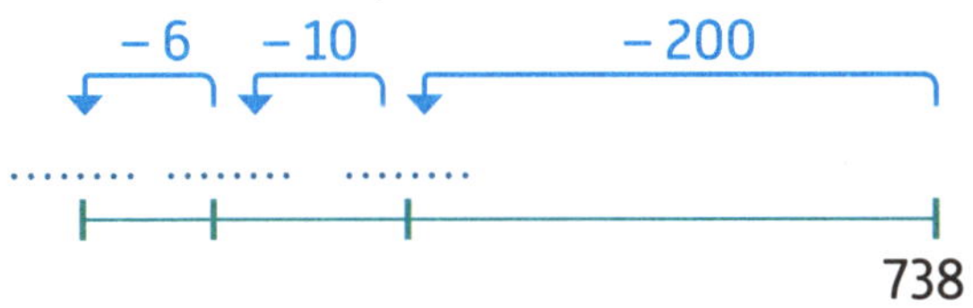

628 – 474

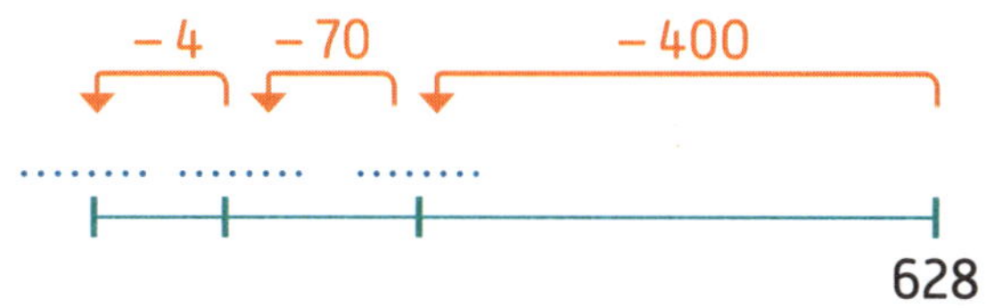

2 **Calcule** en ligne selon la méthode de Lali.

Pour calculer 315 – 234,
je cherche l'écart entre 234 et 315.
Donc 315 – 234 = 81.

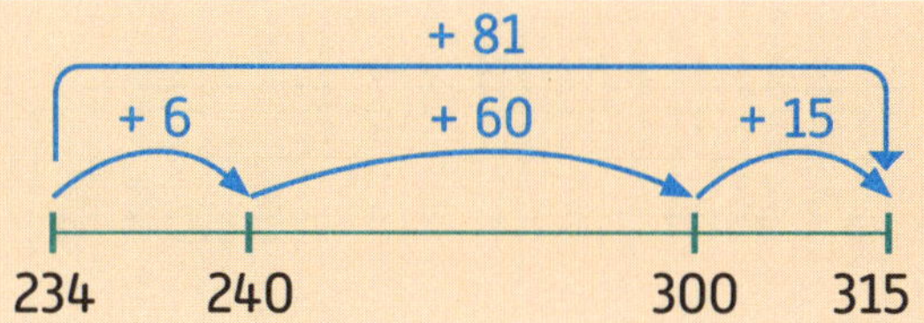

634 – 547

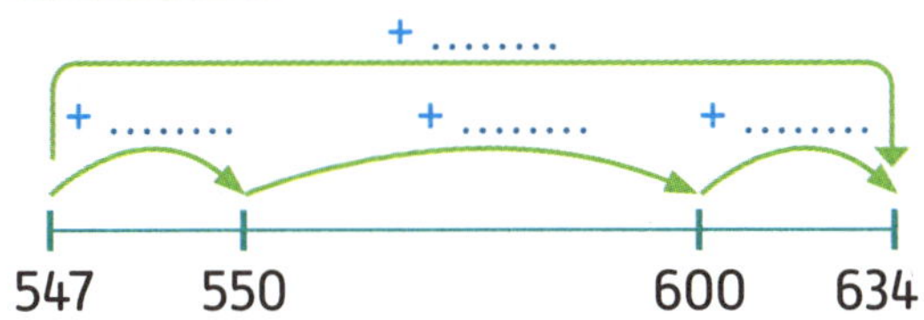

634 – 572

204 – 156

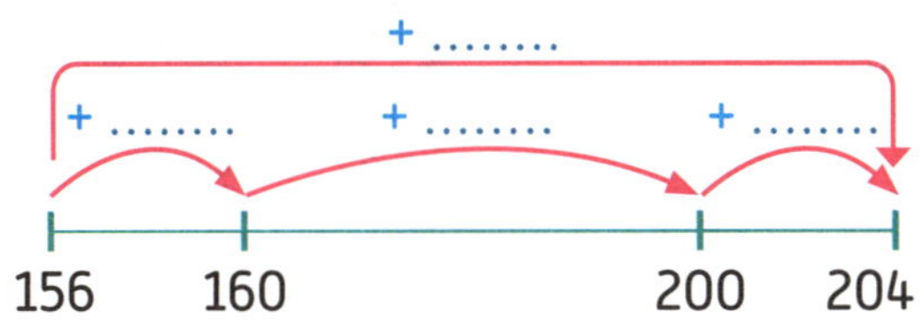

1 000 – 656

3 **Calcule** en ligne avec la méthode de ton choix.

769 – 457 = ...

438 – 196 = ...

324 – 289 = ...

619 – 478 = ...

1 000 – 243 = ...

30 Résoudre des problèmes de comparaison additive et soustractive

Manipulation
Guide p. 76

CALCUL MENTAL
Énoncer des soustractions du type :
375 – 50, 958 – 400.

....

Pour résoudre les problèmes de cette page, commence par compléter le schéma. Cela t'aidera à trouver le calcul à effectuer.

*** 1** Le requin-tigre est âgé de 4 ans.
La murène a 2 ans de plus que le requin.
Quel est l'âge de la murène ?

....	
4	2

....
....

*** 2** L'hippocampe bleu a donné naissance à 28 petits et l'hippocampe jaune à 17 petits.
Combien d'hippocampes bleus de plus que d'hippocampes jaunes sont-ils nés ?

....	
....	....

....
....

**** 3** Anaé pèse 36 kg. Elle pèse 4 kg de moins que Louis.
Combien de kilogrammes pèse Louis ?

....	
....	....

....
....

**** 4** Mei mesure 1 m 30 cm. Elle mesure 15 cm de plus que Zélie.
Combien de centimètres mesure Zélie ?

....	
....	....

....
....

***** 5** Nino a réalisé le schéma suivant pour trouver la solution d'un problème de mathématiques.
Observe-le bien et écris l'énoncé du problème que Nino est en train de résoudre.

Sarah ?	
Liana a 10 livres.	2 livres

....
....
....
....

Compétence : Résoudre des problèmes relevant des structures additives.

31 Repérer et tracer des angles droits

CALCUL MENTAL
Énoncer des additions avec l'ajout de 5 unités.

| .... | .... | .... | .... | .... |

Manipulation
Guide p. 78

1 Agatha s'entraîne à repérer les angles droits.
Entoure les lettres de l'alphabet qui ont des angles droits et marque chaque angle droit d'un petit carré ⌐.

2 Trace une figure qui a 2 angles droits et marque-les.

3 Trace un angle droit à chaque extrémité des segments.

4 PROBLÈME Trace un chemin entre Lali et Nino en dessinant et en marquant 4 angles droits.

5 PROBLÈME Observe la figure 1 et marque les angles droits. Complète la figure 2 pour qu'elle soit identique à la figure 1.

32 Mémoriser les tables de multiplication par 2 et par 4

Manipulation
Guide p. 80

CALCUL MENTAL
Phrases du type : « J'ai 15 billes et Archi en a 4 de plus que moi. Combien Archi a-t-il de billes ? »

....

1 Lali et Archi sont allés dans la boutique de l'aquarium pour acheter des souvenirs.

Quelle somme d'argent ont-ils dépensée ?
Écris les multiplications qui permettent de trouver la réponse.

Archi : ....

Archi a dépensé ....

Lali : ....

Lali a dépensé ....

2 Calcule.

$2 \times 3 =$	$4 \times 3 =$ ....
$2 \times 8 =$	$4 \times 8 =$ ....
$2 \times 5 =$	$4 \times 5 =$ ....
$2 \times 7 =$	$4 \times 7 =$ ....

3 Souligne les nombres qui sont dans la table de 2.
Entoure les nombres qui sont dans la table de 4.

4 Calcule comme dans l'exemple.

Exemple : *$4 \times 13 = 2 \times 2 \times 13 = 2 \times 26 = 52$*

$4 \times 15 =$ ....

$4 \times 25 =$ ....

$4 \times 20 =$ ....

5 PROBLÈME Dans un magasin, des figurines sont vendues par sachets de 4.
Complète le tableau suivant pour trouver combien de sachets chaque client devra acheter.

	Nombre de sachets à acheter (4 figurines par sachet)	Nombre de figurines voulues
Client 1	....	12
Client 2	....	20
Client 3	....	24
Client 4	....	36
Client 5	....	40

Compétence : Mémoriser des faits numériques : tables de multiplication.

33 Poser l'addition avec des nombres à 3 chiffres

Manipulation
Guide p. 82

CALCUL MENTAL
Énoncer des calculs issus des tables de multiplication de 2 et de 4.

....

1 Calcule en t'aidant des phrases à compléter.

	....		
	5	2	8
+	3	3	4
....			

Comme 8 + 4 = 12,
j'écris .... sous les unités
et je retiens .... dizaine.

	....		
	6	5	5
+	1	8	3
....			

Comme 5 + 3 = 8,
j'écris .... sous les unités.

2 Calcule.

	1	4	7
+	3	5	2
	....	....	....

	5	8	3
+	2	2	5
	....	....	....

	2	4	3
+	3	6	4
	....	....	....

	4	4	6
+	5	4	6
	....	....	....

3 Pose et calcule.

325 + 263 = ...

368 + 137 + 132 = ...

909 + 85 = ...

4 Complète ces additions à trous.

	3	....	4
+	....	6	....
	9	8	7

		1	
	2	3	8
+		5	....
	....	....	7

	....		
	7	5	....
+	1	....	3
	....	4	7

		....	
	3	4	9
+	4	2	....
	....	....	7

5 PROBLÈME

Au 1er étage de l'aquarium d'Archi, il y a 347 étoiles de mer, au 2e, 174 poissons. Le 3e étage peut accueillir 79 poulpes.

Combien d'animaux marins peut-il y avoir en tout dans cet aquarium ?

....

....

Compétence : Mettre en œuvre un algorithme de calcul posé pour l'addition.

34 Mesurer des contenances (L, dL, cL)

Manipulation
Guide p. 84

CALCUL MENTAL
Énoncer des calculs du type : *2 × 9, 2 × … = 14.*

....	....	....	....	....

1 Archi change l'eau des aquariums.

a. Combien de bouteilles de 50 cL peut-il verser dans l'aquarium de 1 L ?

....

....

b. Complète l'égalité : 1 L = ... cL

2 **Complète avec ces contenances :** 20 cL , 1 L , 50 cL , 50 L .

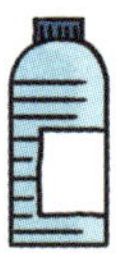 ....

 ....

 ....

 ....

3 **Relie les objets qui ont la même contenance.**

4 **Complète les égalités.**

1 L = ... cL
1 L = ... dL
1 dL = ... cL
35 dL = ... cL
40 cL = ... dL
2 L = ... dL = ... cL

5 **Complète les égalités.**

1 L 5 dL = ... dL + ... dL = ... dL
1 L 8 dL = ... dL + ... dL = ... dL
2 L 4 cL = ... cL + ... cL = ... cL
3 L 16 cL = ... cL + ... cL = ... cL

6 **Range dans l'ordre croissant ces contenances.**

25 cL 2 dL 1 dL 15 cL

....

7 PROBLÈME **Combien de bouteilles de 25 cL peut-on remplir avec une bouteille de 1 L ?**

....

....

Compétence : Comparer, estimer, mesurer des contenances et exprimer une mesure dans une ou plusieurs unités.

35 Résoudre des problèmes de contenance

Manipulation
Guide p. 86

CALCUL MENTAL
Énoncer des calculs du type :
4 × 5, 4 × … = 32.

....

* **1** Pour que les poissons soient en pleine forme, le vétérinaire leur prépare une potion énergisante. Il utilise 6 flacons de 25 cL.
Quelle est la quantité totale de potion énergisante préparée ?

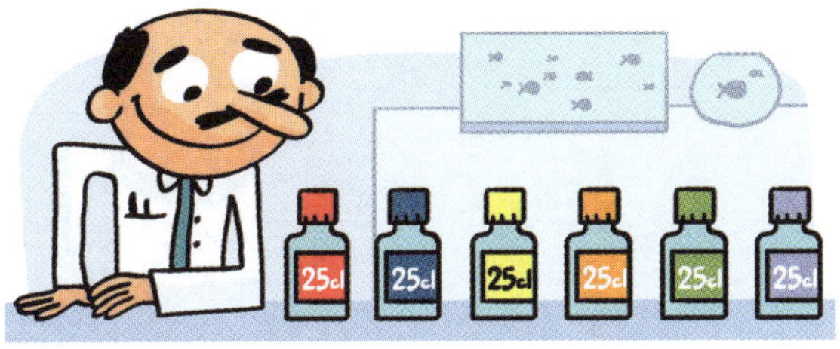

....

....

** **2** Nino fait un gâteau. Il a besoin de 1 L 50 cL de lait. Il a déjà versé 115 cL de lait dans le verre gradué.
Quelle quantité de lait lui manque-t-il ?

....

*** **3** En mélangeant tous leurs jus de fruits, Agatha et Lali préparent un cocktail.
Pourront-elles remplir entièrement 3 bouteilles de 1 L ? Explique ta réponse.

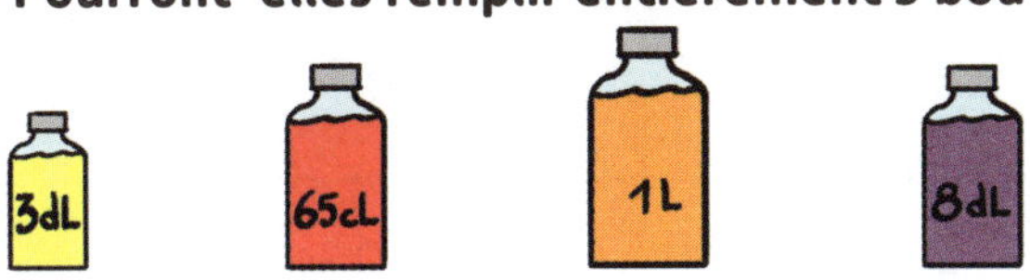

....

....

*** **4** Le flacon d'Archi contient moins d'1 litre mais plus d'un demi-litre. Il n'est pas rempli s'il verse le contenu de deux canettes de 33 cL mais il déborde s'il verse trois bouteilles de 25 cL.
Entoure le flacon d'Archi.

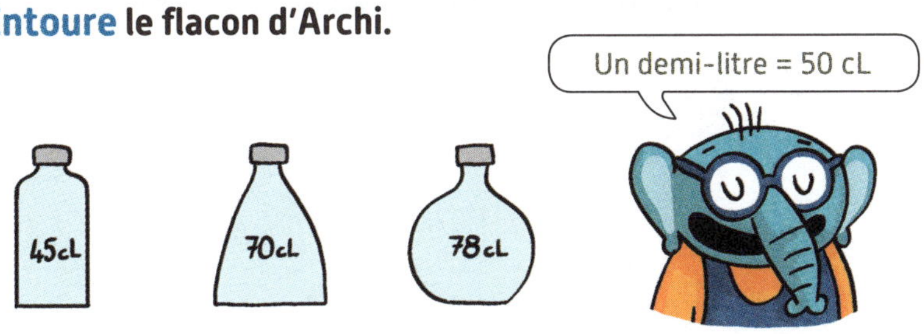

36 Je m'entraîne

ADDITIONNER ET SOUSTRAIRE DES NOMBRES À 3 CHIFFRES

*
1 Calcule à l'aide du schéma.

246 + 48 : + 40, + 8
246 ....

467 + 533 : + 500, + 30, + 3
467 ....

293 + 627 : + 600, + 20, + 7
293 ....

*
2 Calcule sans poser les opérations.

324 + 43 = ...
....
145 + 123 = ...
....
324 + 342 = ...
....
210 + 350 + 440 = ...
....
60 + 410 + 240 + 100 = ...
....

*
3 Calcule à l'aide de la demi-droite graduée.

456 – 313

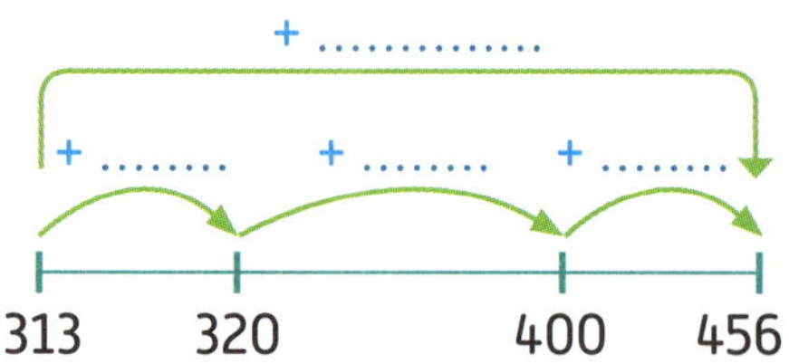

757 – 615

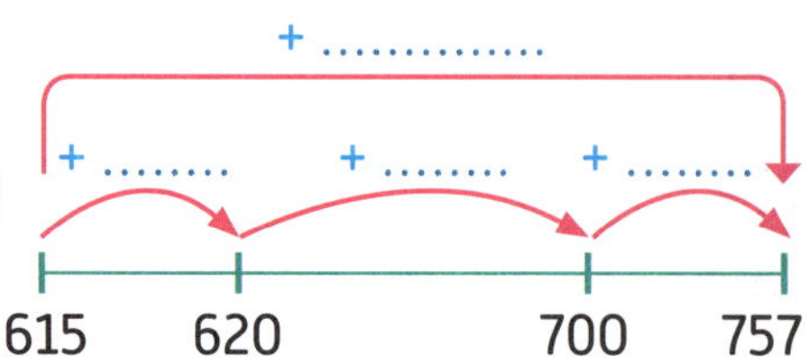

ADDITIONNER ET SOUSTRAIRE DES NOMBRES À 3 CHIFFRES (calcul posé)

*
4 Effectue les additions suivantes.

```
    2 6 5          4 5 9
+   4 7 6      +     4 3
---------      ---------
```

**
5 Pose et effectue les additions suivantes.

387 + 591   248 + 87 + 436

CONNAÎTRE LES TABLES DE 2 ET DE 4

*
6 Complète.

2 × 8 = ...	12 = 2 × ....
9 × 2 = ...	8 = 2 × ....
2 × 7 = ...	10 = 2 × ....
9 × 4 = ...	24 = 4 × ....
4 × 3 = ...	32 = 4 × ....
10 × 2 = ...	40 = 4 × ....

MESURER DES CONTENANCES (L, dL, cL)

*
7 Colorie d'une même couleur les contenances identiques.

2 L   20 dL   200 cL   2 dL
200 dL   2 cL   20 L   20 cL

8 **Complète les égalités.**

3 L = ... cL	40 cL = ... dL
5 L = ... dL	25 dL = ... cL
200 cL = ... L	30 dL = ... L

9 **Complète.**

3 L + 2 dL = ... dL + ... dL = ... dL

1 L + 12 dL = ... dL + ... dL = ... dL

2 L + 75 cL = ... cL + ... cL = ... cL

1 L + 250 cL = ... cL + ... cL = ... cL

RÉSOUDRE DES PROBLÈMES

Cherche dans ton cahier de brouillon.

10 Lali prend une bouteille contenant 1 L et 50 cL de jus d'orange. Elle sert 3 verres de 20 cL.

Combien de cL de jus d'orange reste-t-il dans la bouteille ?

....

....

11 Le dromadaire pèse 550 kg et peut vivre 35 ans. Le chameau peut vivre 40 ans et pèse 150 kg de plus que le dromadaire.

Combien pèse le chameau ?

....

....

12 Le léopard mesure 1 m 40 cm. Il mesure 80 cm de moins qu'un tigre du Bengale.

Combien mesure le tigre du Bengale ?

....

....

13 **À l'aide des indices, trouve le score de chaque joueur et complète le tableau.**

- Le joueur C a 5 points de plus que le joueur A.
- Le joueur C a 4 points de plus que le joueur B.
- Le joueur B a 6 points de plus que le joueur D.

Joueur A	Joueur B	Joueur C	Joueur D
45 points	....	....	....

Indique le nom du gagnant : ....

UTILISER L'ÉQUERRE POUR REPÉRER ET TRACER DES ANGLES DROITS

14 **Trace un petit carré rouge dans tous les angles droits de cette figure.**

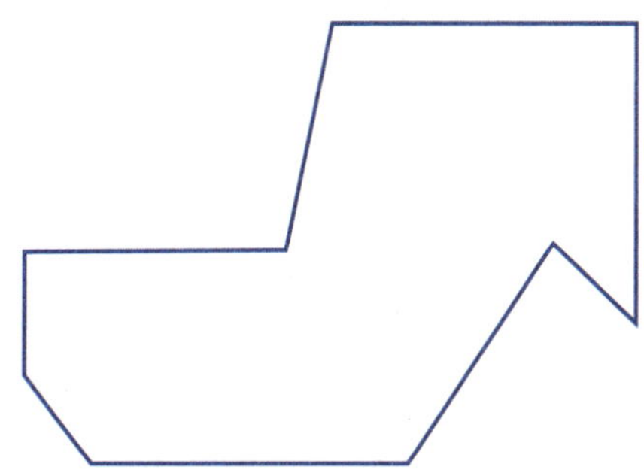

15 **Avec ton équerre et ta règle, reproduis cette figure.**

Calcul en ligne

37 Calculer le complément à 1 000

Manipulation
Guide p. 88

CALCUL MENTAL
Énoncer des calculs du type :
75 cL + 25 cL, 63 L + 37 L.

....

1 Nino, Lali et Archi jouent au jeu des 1 000 bornes.
Nino a déjà 440 points, Lali 875 et Archi 525.

Calcule le nombre de points que chacun doit encore marquer pour arriver à 1 000.

Nino doit encore marquer .... points, Lali .... points et Archi .... points.

2 **Complète les additions.**

345 + ... = 1 000 716 + ... = 1 000 884 + ... = 1 000

3 PROBLÈME Trois automobilistes sont partis de Narbonne et vont à Lille.
La distance entre Narbonne et Lille est de 1 000 km.

Calcule la distance que chaque automobiliste doit encore parcourir.

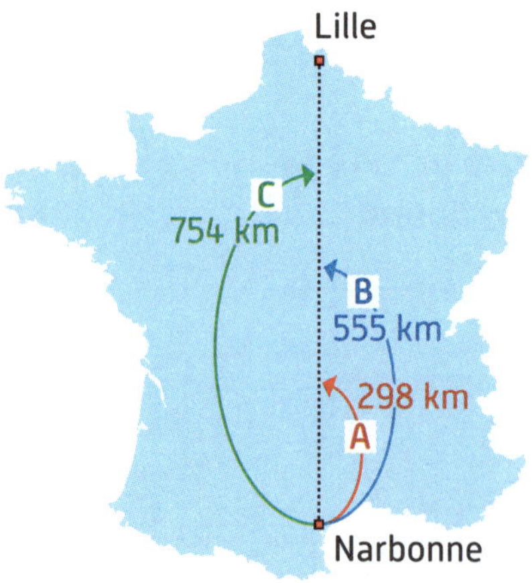

Automobiliste A : Il doit encore parcourir ....

Automobiliste B : ....

Automobiliste C : ....

4 PROBLÈME La directrice a distribué 1 000 craies par classe en début d'année.
Chaque enseignant a rempli le tableau avec les craies qu'il lui reste au mois de décembre.

	Décembre			
	Craies blanches	Craies rouges	Craies bleues	Craies vertes
Mme Mimosa	520	82	102	46
M. Louis	510	85	120	42

Calcule le nombre de craies que chaque enseignant a utilisées.

....

Compétence : Élaborer ou choisir des stratégies de calcul à l'oral et à l'écrit.

38 Construire les nombres à partir de 1 000

CALCUL MENTAL
Faire écrire le complément pour arriver à 1 000.

....	....	....	....	....

Manipulation
Guide p. 90

1 Le directeur du magasin de jouets a commandé ces briques de construction :

a. **Combien de briques a-t-il commandées ?**

....

b. Il a également commandé dix boîtes de 10 briques violettes.
Combien de briques a-t-il commandées en tout ?

....

2 **Complète les suites de nombres.**

997	998	....	....	....	....	1 003

1 005	....	....	1 008	1 009	....

980	990	....	....	....	....	1 040

700	800	....	....	....	....	1 300

3 **Écris 4 nombres supérieurs à 900 qui n'utilisent pas le chiffre 9.**

....
....
....
....

4 **En utilisant ta règle, marque les graduations et les nombres correspondant entre 1 000 et 1 100 sur la droite.** La droite est graduée de 10 en 10.

5 **PROBLÈME** La mère de Lali calcule la somme obtenue en vendant les tickets de tombola.
Elle a déjà compté 960 € et il reste à compter une enveloppe avec 8 billets de 10 €.
Combien d'euros cela fait-il en tout ?

....

....

Compétence : Connaître le nom des nombres.

39 Mesurer des longueurs (km, m)

CALCUL MENTAL
Faire compléter des additions
à trou du type : *990 + ... = 1 200.*

....

Manipulation
Guide p. 92

1 Un appareil placé sur le requin-tigre indique qu'il a parcouru 7 000 m.
Complète.

7 000 m = ... km.

Combien de kilomètres a-t-il parcourus ?

Il a parcouru ....

2 **Relie en faisant attention aux unités de longueur.**

la longueur d'un lit ●	● 6 m
la distance de Nice à Marseille ●	● 2 m
la hauteur d'une maison ●	● 206 km
la hauteur de la tour Eiffel ●	● 324 m
la distance que Lali parcourt en marchant pendant une heure ●	● 4 km

3 **Complète.**

2 000 m = ... km	4 km = ... m	3 km 500 m = ... m	2 300 m = ... km .... m
5 000 m = ... km	9 km = ... m	1 km 30 m = ... m	1 005 m = ... km .... m

4 **Range dans l'ordre croissant :** 3 km , 2 700 m , 2 km 800 m , 2 km , 3 km 100 m .

....

5 **PROBLÈME** Youri veut aller chez son oncle à vélo. **Calcule le chemin le plus court.**

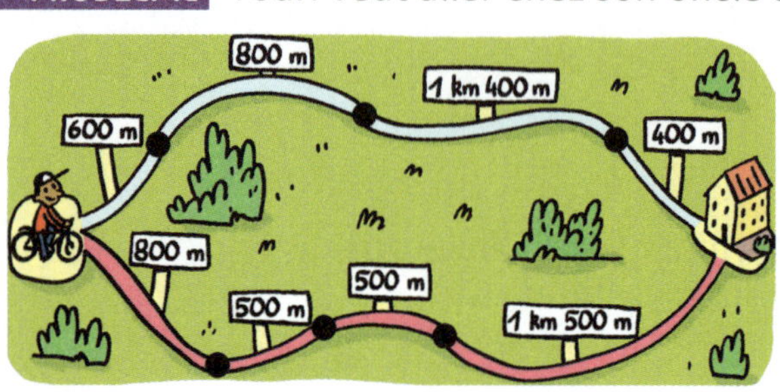

....

6 **PROBLÈME** **À quelle distance la cascade se trouve-t-elle du centre-ville ?**

....
....
....

 Compétence : Comparer, estimer, mesurer des longueurs et exprimer une mesure dans une ou plusieurs unités.

40 Mémoriser la table de multiplication par 3

Manipulation
Guide p. 94

CALCUL MENTAL
Écrire au tableau des calculs du type : *2 km 300 m + 2 km 600 m ; 9 km 100 m – 4 km.*

....

1 Agatha, Lali et Nino ont acheté des paquets d'images de poissons.
Chaque paquet contient 3 images. **Combien d'images chaque enfant a-t-il achetées ?**

....

....

2 **Entoure les nombres qui sont dans la table de 3.**

9 11 18 30

12 13 15 29

3 **Calcule.**

3 × 5 = ... 3 × 8 = ... 3 × 1 = ...

3 × 6 = ... 3 × 4 = ... 3 × 3 = ...

3 × 9 = ... 3 × 7 = ... 3 × 10 = ...

4 Dans un magasin, des oranges sont vendues par sachets de 3.
Complète le tableau pour trouver combien de sachets chaque client devra acheter.

	Nombre de sachets à acheter (3 oranges par sachet)	Nombre d'oranges voulues
Client 1	....	9
Client 2	....	12
Client 3	....	30
Client 4	....	60

5 **PROBLÈME** Le voisin de Nino possède des poules.
Il obtient 3 œufs tous les jours.
Combien d'œufs obtient-il en 1 semaine ?

....

....

Combien d'œufs obtient-il en 3 semaines ?

....

....

Reconnaître et décrire des quadrilatères

Manipulation
Guide p. 96

CALCUL MENTAL
Énoncer des phrases du type : « Lali a 3 boîtes de 3 balles. Combien de balles a-t-elle ? »

....

1 **Observe** ces polygones et **classe**-les dans le tableau.

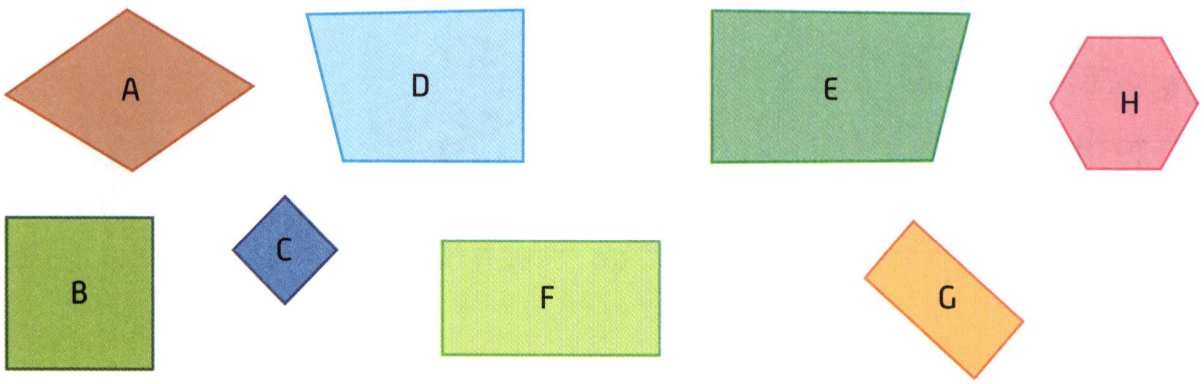

carrés	rectangles	autres polygones
....	....	....

2 **Observe** ces quadrilatères, **complète** les textes et **colorie** les figures demandées.

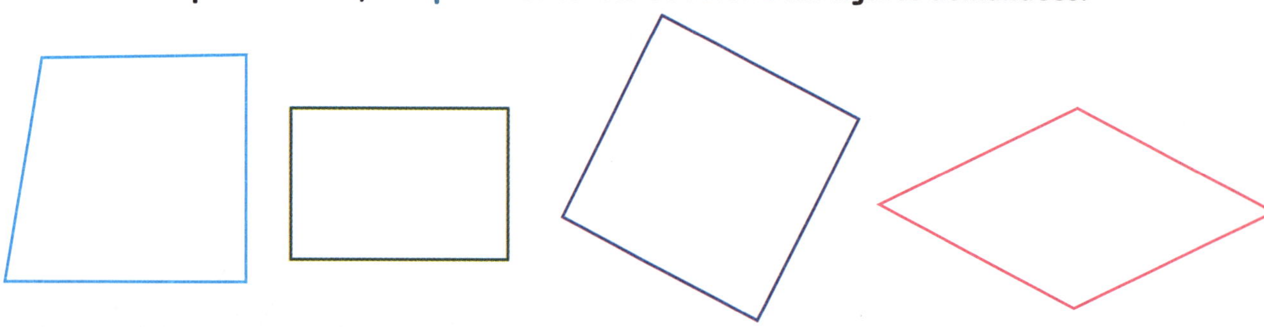

Je suis une figure à 4 côtés. Seulement deux de mes côtés mesurent 3 cm.
J'ai 4 angles droits.
Je suis un ....

Colorie-moi en **rouge**.

J'ai 4 angles droits. Mes 4 côtés sont égaux et mesurent 3 cm.
Je suis un ....

Colorie-moi en **vert**.

3 **Repasse** en **rouge** les carrés et en **vert** les rectangles.

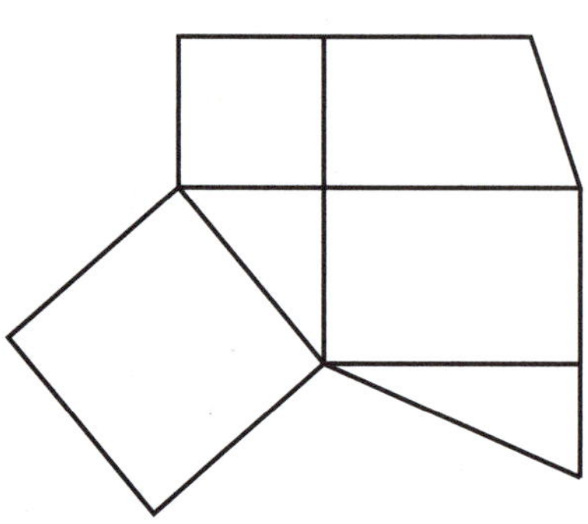

4 **Continue** la frise en reproduisant 5 fois la figure.
Colorie en **rouge** les carrés et en **vert** les rectangles.

Compétence : Reconnaître, nommer les figures usuelles.

42 Construire des carrés et des rectangles

Manipulation
Guide p. 98

CALCUL MENTAL
Énoncer des calculs du type :
1 000 – 1, 1 000 – 20, 1 000 – 200, etc.

....

1 **Termine** les tracés. En **rouge** ce sont des carrés et en **violet** ce sont des rectangles.

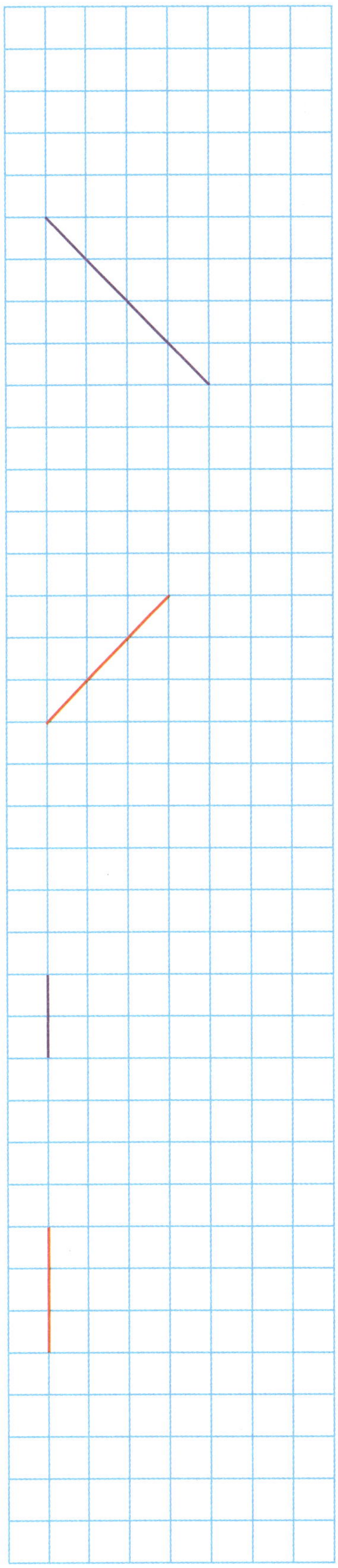

2 **Trace** un carré de 3 cm de côté.

3 **Trace** un rectangle de 4 cm de large et 5 cm de long.

4 PROBLÈME Archi cherche Nino.

a. **Complète le tracé du carré rouge et celui du rectangle bleu sans allonger les côtés déjà tracés.**

b. Nino se trouve au croisement des figures le plus au nord sur la carte. **Entoure cet endroit.**

43 Dénombrer des collections supérieures à 1 000

Manipulation
Guide p. 100

CALCUL MENTAL
Énoncer des calculs issus des tables de multiplication de 2, 3 et 4, du type : *4 × 5 ou 3 × 8*.

....

1 Agatha, Lali et Nino participent à un atelier de construction de dinosaures en pièces en bois. Ils peuvent construire :

des vélociraptors avec 10 pièces
10 = 1 d

des stégosaures avec 100 pièces
100 = 1 c

des diplodocus avec 1 000 pièces
1 000 = 1 m

Voici ce qu'ils ont construit :

Combien de pièces en bois ont-ils utilisées ?
Écris le résultat sous différentes formes pour trouver la réponse.

2 m + ...

2 000 + ...

Nombres d'unités
Nombres de dizaines
Nombres de centaines
Nombres de milliers
....

Ils ont utilisé ....

2 **Écris les nombres correspondant aux décompositions.**

3 m + 2 c + 3 d + 2 u = ...	4 d + 2 c + 1 m = ...	3 c + 5 d + 2 u = ...
2 m + 3 d = ...	3 u + 2 m + 9 d = ...	9 d + 5 c = ...

3 **Complète.**

600 = ... c	1 700 = ... c	4 000 = ... c
600 = ... d	1 700 = ... d	4 000 = ... d

4 PROBLÈME Nos 3 amis ont 2 150 pièces pour faire une nouvelle construction.
Complète le schéma de numération puis réponds aux questions.

a. Quel nombre maximum de stégosaures peuvent-ils construire ?

....

b. Quel nombre maximum de vélociraptors peuvent-ils construire ?

....

Nombres d'unités
Nombres de dizaines
Nombres de centaines
Nombres de milliers
....

Compétence : Utiliser diverses stratégies de dénombrement.

44 Mémoriser la table de multiplication par 5

Manipulation
Guide p. 102

CALCUL MENTAL
Énoncer des nombres du type : *5 m 8 c 8 d 4 u.* → Faire écrire le nombre correspondant.

....

1 Chaque sachet contient 5 poissons en plastique.
Combien de poissons chaque personnage a-t-il achetés ?

Archi : .... Nino : .... Lali : ....

2 **Entoure les nombres qui sont dans la table de 5.**

23 45 42 12 20 7 35 30

3 **Calcule.**

5 × 4 = ...	6 × 5 = ...
5 × 7 = ...	9 × 5 = ...
5 × 10 = ...	8 × 5 = ...

4 Dans un magasin, des plumes sont vendues par sachets de 5.
Complète le tableau suivant pour trouver combien de sachets chaque client devra acheter.

	Nombre de sachets à acheter (5 plumes par sachet)	Nombre de plumes voulues
Client 1	....	15
Client 2	....	20
Client 3	....	40
Client 4	....	80

5 **Complète.**

14 × 5 = 70 → 15 × 5 = ...
38 × 5 = 190 → 39 × 5 = ...
42 × 5 = 210 → 41 × 5 = ...

20 × 5 = 100 → 22 × 5 = ...
33 × 5 = 165 → 35 × 5 = ...
28 × 5 = 140 → 26 × 5 = ...

6 **PROBLÈME** Chaque soir, Nino lit 5 pages d'un livre qui fait 35 pages.
Combien de jours mettra-t-il pour lire le livre en entier ?

....

....

45 Je m'entraîne

CALCULER LE COMPLÉMENT À 1 000

* **1 Trouve le complément à 1 000.**

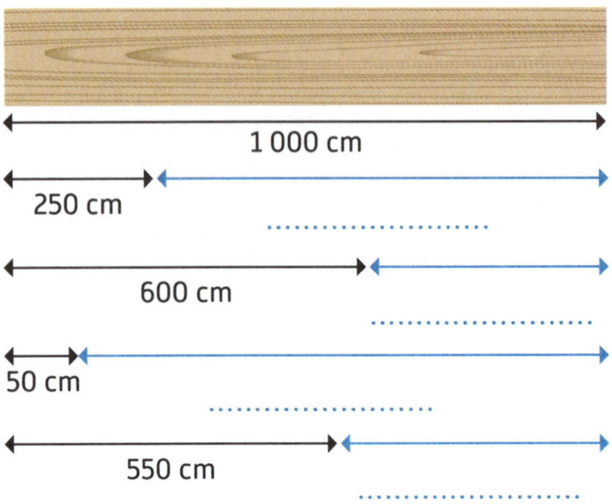

* **2 Complète les calculs.**

912 + ... = 1 000
140 + ... = 1 000
256 + ... = 1 000
643 + ... = 1 000

45 + ... = 1 000
595 + ... = 1 000
137 + ... = 1 000
824 + ... = 1 000

CONNAÎTRE ET CONSTRUIRE LES NOMBRES AUTOUR DE 1 000

* **3 Complète les flèches qui t'aideront à remplir le tableau.**

+ .... + ...

+......

985			988		
995	996				
	1006				
		1017	1018	1019	

* **4 Complète les nombres dans les cases.**

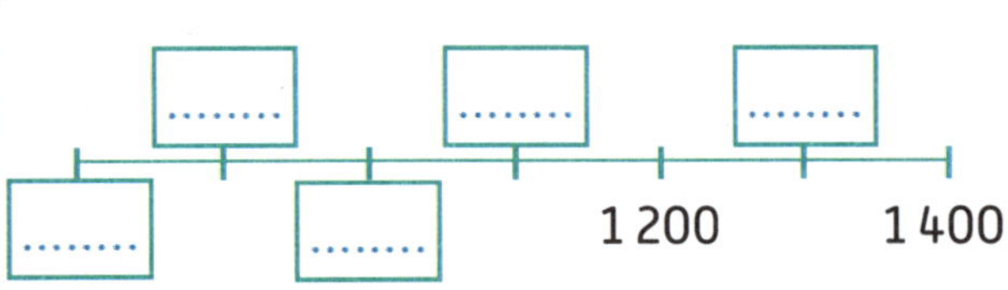

** **5 Écris en chiffres les nombres correspondant aux décompositions.**

1 m 3 c 2 d 5 u = ...
1 m 6 d 3 u = ...
100 d = ...
4 d 6 c 1 m 8 u = ...

CONNAÎTRE LES TABLES DE 3 ET DE 5

* **6 Complète.**

4 × 3 = ...
3 × 8 = ...
9 × 3 = ...
5 × 5 = ...
5 × 8 = ...
7 × 5 = ...

18 = 3 × ....
15 = 3 × ....
21 = 3 × ....
10 = 5 × ....
20 = 5 × ....
45 = 5 × ....

MESURER DES LONGUEURS (km et m)

* **7 Complète.**

3 km = ... m
6 km = ... m
4 km = ... m
9 km = ... m
4 km 500 m = ... m
1 km 50 m = ... m
2 km 450 m = ... m
8 km 9 m = ... m

* **8 Complète.**

3 km = 2 400 m + ...
6 km = 3 100 m + ...
2 km = 1 km 500 m + ...
5 km = 2 km 500 m + ...
10 km = 8 km 640 m + ...

9 Calcule.

2 km 600 m – 400 m = ...

4 km 500 m – 800 m = ...

3 km 200 m – 500 m = ...

9 km 150 m – 300 m = ...

6 km 300 m – 600 m = ...

RÉSOUDRE DES PROBLÈMES

10 Archi se promène en forêt.
Il a déjà parcouru 2 400 m. Il a prévu de faire une promenade de 6 km.
Quelle distance lui reste-t-il à parcourir ?

....

....

11 Pour la décoration de Noël de son école, Lali a 50 m de ruban vert et 45 boules multicolores. Elle a besoin de 1 000 cm de ruban rouge mais elle en possède seulement 468 cm.
Combien doit-elle acheter de ruban rouge ?

....

....

12 Les élèves d'une classe se répartissent en groupes de 5 pour jouer à un jeu.
Il y a 4 groupes complets et il reste 3 élèves qui ne forment pas un groupe complet.
Combien y a-t-il d'élèves dans cette classe ?

....

....

13 La directrice d'un magasin souhaite avoir en stock 1 000 guirlandes lumineuses. Dans son stock, il y a déjà 53 boîtes de 10 guirlandes lumineuses.
Combien de boîtes de 10 guirlandes lumineuses doit-elle commander ?

....

....

DÉCRIRE ET CONSTRUIRE UN CARRÉ ET UN RECTANGLE

14 **Repasse en vert les carrés et en rouge les rectangles.**

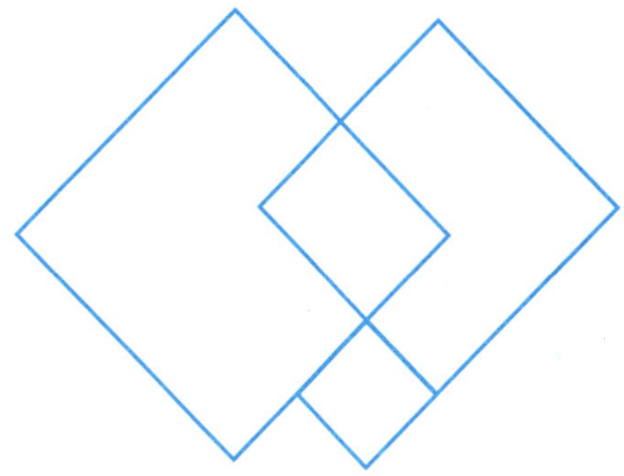

15 Complète.

Mes côtés mesurent ....

et ....

J'ai 4 ....

Je suis un ....

16 **Trace un carré dont le côté mesure le double du segment tracé.**

46 Poser la soustraction sans retenue

Manipulation
Guide p. 104

CALCUL MENTAL
Énoncer des phrases du type : « Lali a 5 boîtes de 3 balles. Combien de balles a-t-elle ? »

....

1 Des poissons verts et des poissons bleus ont été envoyés au laboratoire.
Agatha calcule le nombre de poissons verts et de poissons bleus qui restent dans les aquariums.
Calcule et complète la réponse.

  6 4 6
− 3 1 2
....

  6 7 3
− 2 4 3
....

Il reste .... poissons verts et .... poissons bleus.

2 **Calcule.**

  9 5 7
− 4 5 1
....

  6 9 8
− 6 7 5
....

3 **Pose et calcule :** 769 − 536   485 − 124

4 **PROBLÈME** Un train part de Strasbourg avec 695 voyageurs à bord.
À Metz, 241 voyageurs en descendent.
Combien de voyageurs reste-t-il dans le train ?

....

5 **PROBLÈME** Nino va acheter une trottinette électrique qui coûte 114 €. Il possède 325 €.
Combien lui restera-t-il d'argent ?

....

6 **PROBLÈME** Camille a pris le car pour aller à Versailles à 446 km de chez elle.
Elle fait une pause à 214 km.
Combien de km reste-t-il à parcourir ?

....

7 **PROBLÈME** Archi a 124 billes.
Nino a 145 billes de plus qu'Archi.
Lali a 121 billes de moins que Nino.
Combien de billes a chaque enfant ?

....

Compétence : Mettre en œuvre un algorithme de calcul posé pour la soustraction.

47 Poser la soustraction avec une retenue (1)

Manipulation
Guide p. 106

CALCUL MENTAL
Énoncer des soustractions du type :
13 – 2, 14 – 6.

....

1 **Lali a 52 cartes animaux et Nino en a 35.**
Combien de cartes Lali a-t-elle de plus que Nino ?

d	u
5	12
– 3 +1	5
....	....

Méthode de Lali

2 – 5, ce n'est pas possible,
j'ajoute 1 dizaine à 2 et
j'ajoute 1 dizaine au nombre
du bas pour conserver
l'écart, c'est la retenue.
3 d + 1 d = 4 d.
Je soustrais les unités.
12 – 5 = 7
J'écris 7 dans le résultat
sous les unités.
Je soustrais les dizaines.
5 – 4 = 1
J'écris 1 dans le résultat
sous les dizaines.

Méthode de Nino

2 – 5, ce n'est pas
possible, je prends 1
dizaine à 5 dizaines pour
l'ajouter aux unités.
J'ajoute 1 dizaine à 2.
Je soustrais les unités.
12 – 5 = 7
J'écris 7 dans le résultat
sous les unités.
Je soustrais les dizaines.
4 – 3 = 1
J'écris 1 dans le résultat
sous les dizaines.

d	u
4	
~~5~~	12
– 3	5
....	....

2 **Calcule ces soustractions.**

	c	d	u
	6	8	7
–	3	4	9
.....	.....	.....	.....

	c	d	u
	7	2	4
–	4	5	1
.....	.....	.....	.....

	c	d	u
	4	6	7
–	1	8	3
.....	.....	.....	.....

	c	d	u
	6	7	5
–	2	9	8
.....	.....	.....	.....

3 **Pose et calcule.**

950 – 231   807 – 329   600 – 581   704 – 107

4 **PROBLÈME** Une salle de concert contient 630 places.
459 places sont occupées.
Combien y a-t-il de places libres ?

....

....

Compétence : Mettre en œuvre un algorithme de calcul posé pour la soustraction.

48 Lire, écrire, décomposer les nombres jusqu'à 10 000

Manipulation
Guide p. 108

CALCUL MENTAL
Énoncer des soustractions du type :
858 – 300, 519 – 400.

....

1 Pour entraîner les élèves à enquêter, Agatha a caché des craies dans toute l'école.
Voici les craies retrouvées par chaque équipe.
Combien de craies y a-t-il ? Complète.

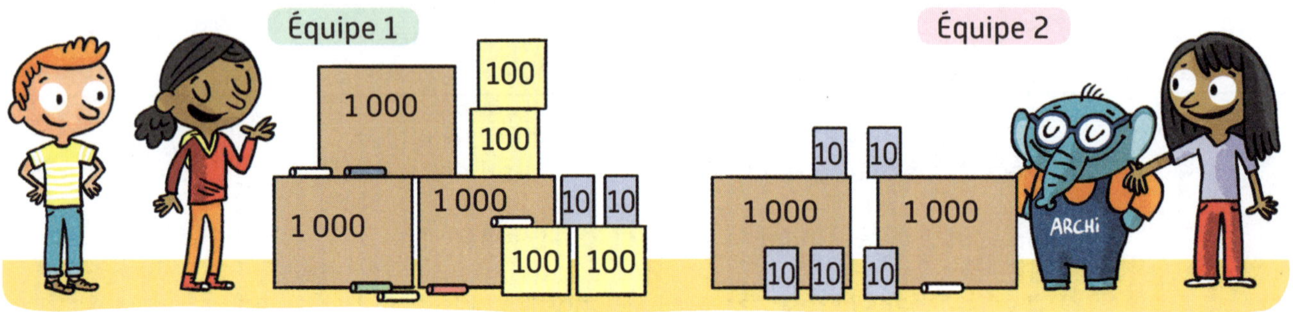

Équipe 1 : (........ × 1 000) + (........ × 100) + (........ × 10) + ... = ...

Équipe 2 : (........ × 1 000) + (........ × 100) + (........ × 10) + ... = ...

2 **Écris en chiffres.**

quatre-mille-sept-cent-soixante-deux : ....

neuf-mille-cinq-cent-trente-neuf: ....

mille-cent: ....

dix-mille: ....

sept-mille-deux : ....

3 **Écris en chiffres.**

2 m 8 c 4 d 3 u = ...

2 d 5 m 1 u 3 c = ...

2 d 8 m 6 c = ...

1 m 3 d = ...

4 m 6 c 5 d 9 u = ...

4 **Écris en lettres.**

3 276 : ....

1 605 : ....

6 300 : ....

8 090 : ....

5 PROBLÈME **Relie les écritures représentant le même nombre.**

5 060 ●	● 5 d 6 m
2 189 ●	● deux-mille-cent-quatre-vingt-neuf
8 + 30 + 200 + 5 000 ●	● 1 000 d
6 050 ●	● 6 000 + 500
6 m 3 c 5 d 1 u ●	● (5 × 1 000) + (6 × 10)
5 600 ●	● cinq-mille-six-cents
6 500 ●	● 6 351
100 c ●	● 5 238

Compétence : Comparer, ranger, encadrer, intercaler des nombres entiers.

49 Comparer, ranger, encadrer les nombres jusqu'à 10 000

Manipulation
Guide p. 110

CALCUL MENTAL
Énoncer des additions à trois termes du type : *3 000 + 500 + 30.*

....

1 Archi, Lali et Nino ont couru 15 minutes. **Entoure le personnage qui a couru la plus grande distance.**

....

2 **Entoure le plus grand nombre de chaque colonne.**

6 480	4 989	4 678	6 185
5 079	4 998	7 026	6 452
	2 412	7 500	6 449
		789	6 241

3 **Complète avec > ou <.**

400 + 600 + 300 .... 1 000
800 + 300 .... 400 + 400 + 500
250 + 250 + 100 .... 500 + 150
300 + 200 .... 150 + 150 + 400

4 **Complète avec >, < ou =.**

4 240 ... 4 m 2 c 1 d 2 u
2 826 ... 7 m
4 622 ... 4 m 6 c
6 200 ... 2 c 6 m
3 070 ... 6 d 2 c 3 m
5 640 ... 5 m 4 d

5 **Range ces nombres dans l'ordre croissant.**

5 830 8 848 5 892 4 809 8 485

....
....

6 **Relie les nombres à leur place approximative sur la demi-droite graduée.**

2 550 2 906 2 074 2 350 2 997 2 249

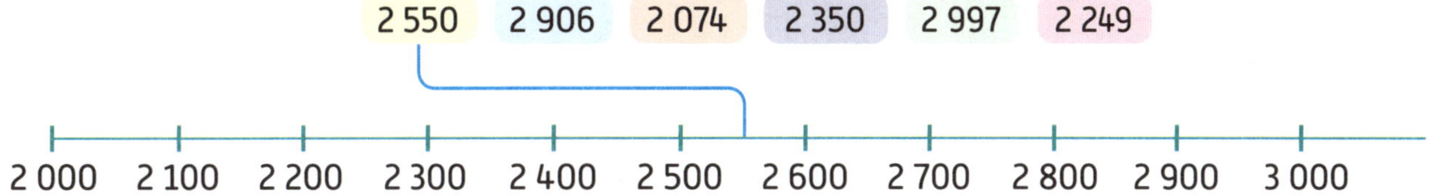

7 **PROBLÈME** Thomas, Méline et Aziz ont participé à une course en rollers.
Voici la distance parcourue par chacun d'eux :

Thomas : 1 040 m

Méline : 1 260 m

Aziz : 1 570 m

900 à 1 000 m	2 points
1 000 à 1 100 m	3 points
1 100 à 1 200 m	4 points
1 200 à 1 300 m	5 points
1 300 à 1 400 m	6 points
1 400 à 1 500 m	7 points
1 500 à 1 600 m	8 points
1 600 à 1 700 m	9 points

À l'aide du tableau, trouve combien de points chaque enfant a remportés.

Thomas : .... Méline : .... Aziz : ....

Compétence : Comparer, ranger, encadrer, intercaler des nombres entiers.

50 Poser la multiplication par un nombre à 1 chiffre

Manipulation
Guide p. 112

CALCUL MENTAL
Énoncer des calculs issus des tables de multiplication de 2, 3, 4 et 5.

....

1 Aujourd'hui, l'aquarium a accueilli 3 groupes de 412 personnes dans sa grande salle.
Complète le texte et l'opération.

	c	d	u
	4	1	2
×			3
.....	.....	.....	.....

3 × **2** = **6** J'écris .... dans la colonne des **unités**.
3 × **1** = ...
J'écris .... dans la colonne des **dizaines**.
3 × **4** = ...
J'écris .... dans la colonne des **centaines** et .... dans celle des **miliers**.
Le résultat est donc : ....

Il y a .... personnes dans la salle.

2 **Complète le texte et l'opération.**

	c	d	u
	2	6	3
×			4
.....	.....	.....	.....

○○

4 × **3** = **12** J'écris .... **unités** et je retiens .... **dizaine**.
4 × **6** = ...
.... + *1* = ...
J'écris .... **dizaines** et je retiens .... **centaines**.
4 × **2** = ...
.... + ... = ... Le résultat est donc : ....

3 **Effectue les multiplications.**

	5	4
×		8

	2	0	8
×			4

	3	7	9
×			3

	1	4	2	0
×				5

4 **Pose et effectue ces multiplications.**

39 × 5   214 × 6   8 × 435   2 149 × 2

5 **PROBLÈME** Il y a 5 bus de 47 personnes sur un parking.
Place les nombres 5 et 47 au bon endroit et calcule le nombre de personnes sur ce parking.

....
× ....
....

....

Compétence : Mettre en œuvre un algorithme de calcul posé pour la multiplication.

Apprendre à chercher

51 Résoudre des problèmes à deux étapes

Manipulation
Guide p. 114

CALCUL MENTAL
Devinettes du type : « Je pense à un nombre, j'ajoute 100, j'obtiens 3 756. Quel est ce nombre ? »

....

* **1** **Lis ce problème.**

Le dauphin du Grand Aquarium a besoin de vitamines.
La vétérinaire a préparé une boisson dans un biberon spécial qui peut contenir 2 L.
Le dauphin a déjà bu 180 cL.
Quel volume de boisson reste-t-il dans le biberon géant ?

Numérote dans l'ordre les quatre lignes de la réponse.

- ☐ Dans le biberon, il y avait 200 cL de vitamines.
- ☐ 200 – 180 = 20.
- ☐ Je dois commencer par convertir 2 L en cL. 2 L = 200 cL.
- ☐ Il reste 20 cL de vitamines dans le biberon.

* **2** **Lis ce problème.**

Ce matin, une épicière avait 7 packs de 6 bouteilles de lait.
14 bouteilles ont été vendues. **Combien de bouteilles reste-t-il ?**

Lali a résolu ce problème mais elle a uniquement écrit les calculs.
Écris les phrases manquantes pour que l'on comprenne sa démarche.

Je dois d'abord ....

7 × 6 = 42 ....

Puis je dois..

42 – 14 = 28 ....

** **3** Inaya s'entraîne à courir chaque matin depuis 14 jours.
Aujourd'hui, elle veut parcourir 1 800 m. Elle a déjà fait 6 fois le tour d'un terrain qui mesure 200 m.
Quelle distance doit-elle encore parcourir ?

Je dois d'abord ....

....

....

*** **4** Nino est malade. Il doit prendre 1 comprimé rouge matin, midi et soir pendant 6 jours.
Combien de plaquettes de 5 comprimés rouges son père devra-t-il acheter ?

....

....

....

Compétence : Modéliser des problèmes à l'aide d'écritures mathématiques.

CONNAÎTRE ET UTILISER LES NOMBRES JUSQU'À 10 000

*** 1 Écris en chiffres les nombres correspondant aux décompositions.**

4 m 8 c 2 d 5 u = ...

5 m 7 c 2 d 4 u = ...

9 m 5 c 4 u = ...

7 c 8 m 3 d 5 u = ...

2 d 6 c 9 m = ...

*** 2 Écris en chiffres les nombres correspondant aux décompositions.**

4 000 + 600 + 80 + 3 = ...

2 000 + 500 + 30 = ...

(9 × 1 000) + (8 × 100) + 8 = ...

10 × 1 000 = ...

**** 3 Complète avec >, < ou =.**

326 .... 2 120	2 m 6 c 450
3 989 .... 5 001	8 m 9 d 8 500
4 230 .... 4 180	3 m 7 c 2 d 3 720
7 645 .... 7 650	4 m 3 c 5 d 4 500
1 010 .... 1 100	10 m 9 999

**** 4 Range ces nombres dans l'ordre décroissant.**

4 500 6 040 9 060 998 9 600 6 900

....

....

*** 5 Écris en lettres les nombres suivants.**

9 400 : ....

8 005 : ....

10 000 : ....

3 042 : ....

*** 6 Encadre ces nombres entre 2 centaines consécutives.**

Exemple : 600 < 687 < 700

.... < 430 <	.... < 1 250 < ....
.... < 870 <	.... < 2 634 < ....
.... < 602 <	.... < 7 060 < ....
.... < 4 956 <	.... < 9 934 < ....

SOUSTRAIRE DES NOMBRES À 3 CHIFFRES (calcul posé)

*** 7 Effectue les soustractions suivantes.**

	8	5	7
−	3	4	2

	4	7	6
−	2	5	2

**** 8 Pose et effectue les soustractions suivantes.**

458 – 86 812 – 268

**** 9 Pose et effectue toutes les soustractions possibles avec les nombres 63, 315, 704.**

MULTIPLIER PAR UN NOMBRE À 1 CHIFFRE (calcul posé)

*
10 **Pose** et **effectue** ces multiplications.

2 405 × 3   652 × 4

**
11 **Complète** les multiplications à trous.

	....	....	....
×			2
	4	8	6

	....	....	....
×			4
1	2	4	8

**
12 **Pour chaque calcul, choisis s'il est plus rapide de calculer en ligne ou de poser les opérations puis effectue les calculs.**

300 × 4   2 467 × 3   6 × 40   2 409 × 4

....

....

RÉSOUDRE DES PROBLÈMES

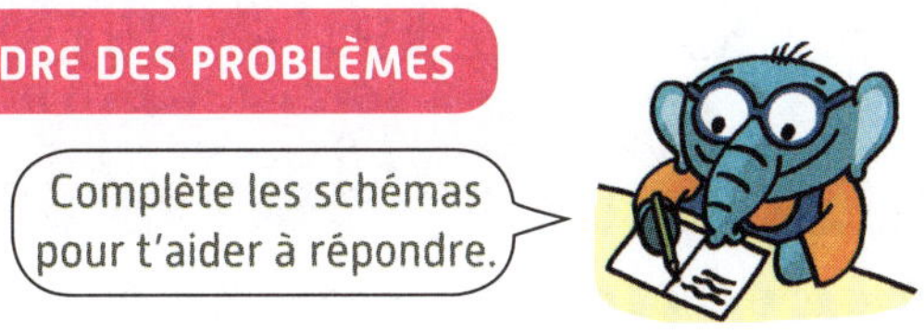

*
13 Nino doit consolider une jardinière en bois de 3 m de long contenant 6 plantes. Il a acheté une boîte de 1 200 vis, il en utilise 156. **Combien lui reste-t-il de vis après sa réparation ?**

....	
....	....

....

**
14 Lali a acheté 3 boîtes de puzzles de 150 pièces chacun. Archi a fait tomber les boîtes et toutes les pièces sont tombées.
Combien de pièces de puzzles y a-t-il par terre ?

....		
....	....	....

....

RÉSOUDRE DES PROBLÈMES EN UTILISANT UN TABLEAU

**
15 Voici les distances entre des villes françaises.

km	Amiens	Angers	Biarritz	Brest
Amiens		369	862	619
Angers	369		518	371
Biarritz	862	518		817
Brest	619	371	817	

Tom part de Brest et va à Biarritz.
Louis part d'Amiens, va à Angers puis rejoint Tom à Biarritz.
Qui a parcouru le plus de kilomètres ?

....

séances 28 à 52

BILAN

1

Mettre en œuvre un algorithme de calcul posé pour l'addition.

Pose les opérations quand elles ne sont pas posées. Calcule.

	2	5	1
+	3	2	8
	.....	.....	.....

	5	7	9
+	1	4	3
	.....	.....	.....

482 + 325

+			

65 + 675

+			

2

Mettre en œuvre un algorithme de calcul posé pour la soustraction.

Pose l'opération qui n'est pas posée. Calcule.

	8	4	9
–	4	3	6
	.....	.....	.....

	4	3	5
–	2	1	8
	.....	.....	.....

	6	4	0
–	3	6	7
	.....	.....	.....

832 – 64

–			

3

Mettre en œuvre un algorithme de calcul posé pour la multiplication.

Calcule.

	3	2	4
×			2
	.....	.....	.....

	5	0	7
×			3
	.....	.....	.....

	1	6	7
×			5
	.....	.....	.....

2	1	6	7
×			4
	.....	.....	.....

4

Associer les noms des nombres à leur écriture chiffrée.

Écris en chiffres.

mille : ....

six-mille-cent-soixante-seize : ....

trois-mille-cent-vingt-quatre : ....

six-mille-seize : ....

huit-mille-quatre-vingt-six : ....

trois-mille-sept-cent-quatre-vingt-treize : ....

5

Associer les noms des nombres à leur écriture chiffrée.

Écris en lettres.

5 372 : ....

2 794 : ....

10 000 : ....

1 111 : ....

4 040 : ....

6 Décomposer un nombre entier.

Écris la décomposition des nombres suivants :

Exemple : 3 621 = (3 × 1 000) + (6 × 100) + (2 × 10) + 1

3 608 = ...

5 432 = ...

6 050 = ...

10 000 = ...

7 Ranger des nombres entiers.

Range ces nombres dans l'ordre croissant.

4 300 3 400 1 000 1 043 1 430 1 340

....

8 Exprimer une mesure de contenance dans plusieurs unités.

Complète.

1 dL = ... cL

1 L = ... dL

1 L = ... cL

50 cL = ... dL

32 dL = ...cL

5 L = ... dL = ... cL

9 Exprimer une mesure de longueur dans plusieurs unités.

Complète.

3 000 m = ... km

5 300 m = ... km .... m

6 080 m = ... km .... m

9 km = ... m

2 km 500 m = ... m

5 km 60 m = ... m

10 Construire un rectangle sur un support uni.

Complète ce rectangle.

11 Construire un carré sur un support uni.

Trace un carré de 4 cm de côté.

12 Résoudre des problèmes de contenance.

Une bassine contient 10 L d'eau.
Lali retire cinq fois 50 cL.

Combien d'eau reste-t-il dans la bassine ?

....

....

Soustraction

Calcule comme Archi.

846 – 209 = ? C'est facile ! J'ajoute ou je retranche le même nombre à chacun des deux termes.

	8 4 6	2 0 9	
+ 1	8 4 7	2 1 0	+ 1
– 10	8 3 7	2 0 0	– 10
– 200	6 3 7	0	– 200

846 – 209 = 637

486 – 297 = ...

4 8 6	2 9 7

324 – 113 = ...

3 2 4	1 1 3

965 – 428 = ...

9 6 5	4 2 8

Dominos

Place correctement les dominos verts en respectant les conversions.

Coloriage magique

Colorie en **bleu clair** les résultats de la table de 2, en **marron** les résultats de la table de 3, en noir les nombres qui sont les résultats des tables de 2 et de 3.

2	8	14	40	22	16	26	2	10	14	20	2	14	8	10
16	20	4	10	14	6	8	16	20	100	4	22	10	16	8
22	8	22	2	12	16	20	14	2	120	2	16	14	4	2
2	10	16	8	18	4	8	16	18	200	20	22	8	26	22
26	16	22	4	24	30	12	24	20	400	22	4	2	16	20
20	3	9	15	21	10	22	4	16	2	8	20	22	10	8
14	22	27	33	3	14	2	10	8	22	10	4	14	16	4
2	10	16	15	33	8	16	22	20	4	14	16	2	20	8
4	8	2	21	15	27	20	14	10	2	16	8	303	10	22
16	14	10	33	39	3	9	15	21	15	3	27	21	14	2
10	22	4	27	39	33	39	3	21	33	21	15	4	16	10
14	9	33	39	3	15	21	15	27	9	27	3	14	20	8
8	27	2	20	2	22	10	8	2	22	20	9	8	22	4
22	15	16	10	4	8	16	14	20	16	4	15	21	14	2
20	3	8	22	14	16	2	20	8	22	14	10	27	4	10
2	4	18	14	8	20	10	22	4	10	2	22	8	36	22
16	10	14	16	4	22	2	16	14	20	16	4	2	16	20

Le plus petit carré possible

Trace le carré qui joint les milieux des côtés de ce carré. Puis **trace** le carré qui joint les milieux des côtés de ce nouveau carré. **Continue** de la même manière jusqu'à ce que tu aies tracé 7 carrés.

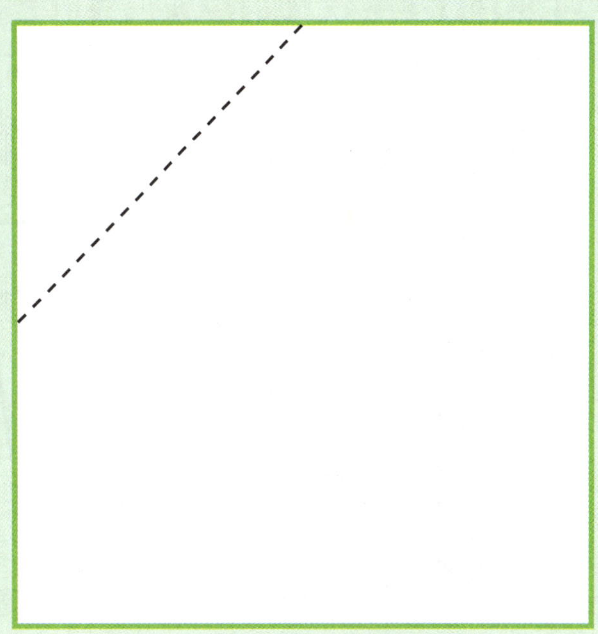

ENQUÊTE

Défi animé
lienmini.fr/archice2-defi05

Défi 5 *Comparer des masses*

AU MUSÉE

Défi animé
lienmini.fr/archice2-defi06

Défi 6 *Construire des cercles*

55 Additionner et soustraire avec des nombres à 4 chiffres

Manipulation
Guide p. 122

CALCUL MENTAL
Écrire au tableau 34 + 34 = 68.
Dicter des calculs liés du type :
34 + 35, 35 + 35, etc.

....

1 Agatha, Lali et Nino sont en colonie de vacances.
Ils ont chacun fait une randonnée différente. Ils ont marché le matin et l'après-midi.
Calcule en ligne la distance totale, en mètres, parcourue par chacun.

Agatha : 1 320 m + 2 500 m = ...

Lali : 5 400 m + 2 130 m = ...

Nino : 3 420 m + 1 080 m = ...

Agatha a parcouru .... m, Lali a parcouru ....m et Nino a parcouru .... m.

2 Calcule en ligne ces additions et ces soustractions.

1 500 + 5 100 = ...
2 310 + 1 350 = ...
1 020 + 3 590 = ...

8 954 – 10 = ...
3 427 – 400 = ...
2 569 – 1 500 = ...
6 835 – 4 300 = ...
5 678 – 1 234 = ...

3 Observe ces opérations. Choisis s'il est plus rapide de les calculer en ligne ou de les poser. Calcule.

2 652 + 5 213 4 700 + 3 120 1 060 – 1 030 1 792 – 1 774

....
....
....
....

4 PROBLÈME Le Muséum d'histoire naturelle a vendu 2 340 tickets d'entrée au musée, ainsi que 1 030 tickets d'entrée pour les serres et 1 560 tickets d'entrée pour le jardin botanique.
Combien de tickets ont été vendus ?

....
....
....

Compétence : Calculer en utilisant des écritures en ligne additives.

56 Multiplier un nombre par 10, 100, 1 000

Manipulation
Guide p. 124

CALCUL MENTAL
Énoncer des additions et des soustractions du type :
6 200 + 3 000 ou 1 700 − 1 300.

....

1 **Lali a une collection de dinosaures. Elle veut tous les compter.**
Complète.

5 × 10 = 5 d = 50
5 lots de 10 dinosaures contiennent .... figurines.

5 × 100 = 5 c = ...
5 paquets de 100 cartes contiennent .... cartes.

3 × .... = ... m = ...
3 puzzles de 1 000 pièces contiennent .... pièces.

2 **Calcule.**

10 × 8 = ... d = ... 100 × 6 = ... c = ... 1 000 × 4 = ... m = ...

3 **Calcule.**

10 × 12 = ... d = ...
10 × 44 = ...
10 × 50 = ...
10 × 121 = ...

100 × 32 = ... c = ...
100 × 10 = ...
100 × 63 = ...
100 × 85 = ...

4 **Calcule le nombre de points obtenus par Archi et Lali.**

....
....
....
....
....

5 Élias prépare 100 pizzas.
Complète le tableau.

	Quantité pour 1 pizza	Quantité pour 100 pizzas
Préparation	3 min	.... min
Pâte	1	....
Sauce tomate	8 cL	 cL
Fromage râpé	15 g	.... g
Champignons	4	....

Il vend chaque pizza 11 €.
En vendant ses 100 pizzas, quelle somme aura-t-il en euros ?

....
....

57 Mémoriser la table de multiplication par 9

Manipulation
Guide p. 126

CALCUL MENTAL
Énoncer des multiplications par 10 ou par 100 du type :
42 × 10 ou 100 × 38.

....

1 Agatha, Lali et Nino ont acheté un souvenir dans la boutique du musée.
Chaque sachet contient 9 cartes d'animaux.
Combien de cartes ont-ils chacun ?

....

Lali : .... Agatha : .... Nino : ....

2 **Entoure les nombres qui sont dans la table de 9.**

27 45 60 22 18 16 34 36 41 54 50

3 **Calcule.**

1 × 9 = ...
10 × 9 = ...
0 × 9 = ...
3 × 9 = ...
5 × 9 = ...

9 × 8 = ...
9 × 9 = ...
9 × 7 = ...
9 × 4 = ...
9 × 6 = ...

4 Dans un magasin, des boutons sont vendus par sachets de 9.
Complète le tableau pour trouver combien de sachets chaque client devra acheter.

	Nombre de sachets à acheter (9 boutons par sachet)	Nombre de boutons voulus
Client 1	....	18
Client 2	....	36
Client 3	....	54
Client 4	....	540
Client 5	....	549

5 **Calcule comme dans l'exemple.**

Exemple : *15 × 9 = 15 × 10 – 15 = 150 – 15 = 135*

20 × 9 = ...

45 × 9 = ...

55 × 9 = ...

50 × 9 = ...

Compétence : Mémoriser des faits numériques : tables de multiplication.

58 Mesurer des masses (kg, g)

➡ Manipulation
Guide p. 128

CALCUL MENTAL
Énoncer des calculs issus de la table de multiplication de 9 du type :
9 × 8 ou 4 × 9.

....

1 **Entoure les plateaux dont les figurines pèsent 1 kg.**

2 **Complète.**

1 000 g = ... kg
4 000 g = ... kg
5 000 g = ... kg
8 000 g = ... kg
2 000 g = ... kg
9 000 g = ... kg

3 kg = ... g
7 kg = ... g
2 kg = ... g
8 kg = ... g
9 kg = ... g
10 kg = ... g

3 **Complète.**

4 kg 550 g = ... g
3 kg 200 g = ... g
9 kg 900 g = ... g
2 300 g = ... kg .... g
5 732 g = ... kg .... g
8 999 g = ... kg .... g

4 **Range ces masses de la plus lourde à la plus légère.**

1 kg 970 g   1 790 g   1 kg 780 g   1 870 g   1 kg 590 g

....

....

5 **PROBLÈME** Antoine part en vacances en Espagne.
Sa valise ne doit pas dépasser 23 kg.
Sa valise sera-t-elle acceptée dans l'avion ?

....

....

59 Mesurer des masses (kg, t)

Manipulation
Guide p. 130

CALCUL MENTAL
Écrire au tableau des calculs du type : *2 kg 100 g + 3 kg 600 g ; 9 kg 100 g – 1 kg.*

....

1 Chaque animal a une masse 10 fois plus grande que l'animal précédent.
Indique la masse de chaque animal en précisant bien les unités de mesure.

1 kg

....

....

.... = ... t

2 **Relie chaque animal à la masse qui convient.**

1 chat	1 éléphant	1 poulet	1 gorille
•	•	•	•
•	•	•	•
140 kg	1 kg	4 kg	3 t

3 **Convertis en kg.**

1 t = ...
10 t = ...
2 t 350 kg = ...
3 t 180 kg = ...
4 t 83 kg = ...

4 **Convertis en t et kg.**

2 000 kg = ...
3 130 kg = ...
10 100 kg = ...
4 590 kg = ...
8 635 kg = ...
6 080 kg = ...

5 **Range les masses de ces véhicules dans l'ordre croissant.**
Entoure les véhicules dont les masses sont supérieures à 1 t.

1 t 250 kg

1 622 kg

1 110 kg

687 kg

740 kg

1 t 280 kg

....

6 **PROBLÈME** Après le tournage d'un documentaire au musée, on range tout le matériel. Le camion peut transporter 1 t maximum.
Il y a 2 projecteurs de 150 kg chacun, 1 décor de 475 kg et 328 kg de caméras.
Peut-on tout charger dans le camion ?
Justifie ta réponse.

....
....
....

 Compétence : Comparer, estimer, mesurer des masses et exprimer une mesure dans une ou plusieurs unités.

60 Résoudre des problèmes de masse

Manipulation
Guide p. 132

CALCUL MENTAL
Écrire au tableau des calculs
du type : *4 t 100 g + 2 t 500 g.*

....

* **1** De nouveaux cactus viennent d'être livrés dans la serre.
Il y a 3 cactus « boules » de 2 kg chacun
et 2 cactus « raquettes » de 500 g chacun.
Calcule la masse totale des cactus livrés.

....
....

* **2** Une valise pèse autant qu'un livre de 400 g et un sac à dos de 3 kg 300 g.
Quelle est la masse de la valise ?

....
....

** **3** Le camion peut transporter 1 t de marchandise au maximum.
Le camion peut-il transporter tous les cartons ?

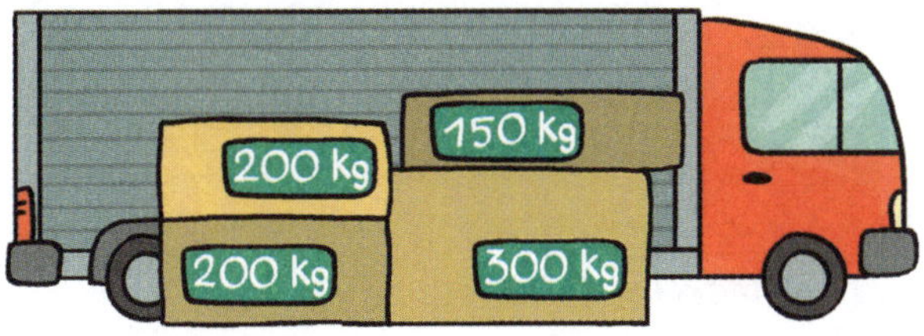

....
....

** **4** **Observe les deux balances puis entoure le panier le plus lourd.**

61 Je m'entraîne

ADDITIONNER ET SOUSTRAIRE DES NOMBRES À 4 CHIFFRES

1 **Calcule en ligne.**

1 200 + 600 = ...

4 200 + 1 100 = ...

2 700 + 500 = ...

** **2** **Calcule en ligne.**

1 500 + 2 500 + 1 100 = ...

1 400 + 2 200 + 600 = ...

* **3** **Calcule en ligne.**

5 700 – 2 300 = ...

5 500 – 1 400 = ...

1 200 – 900 = ...

** **4** **Pour chaque calcul, choisis s'il est plus rapide de calculer en ligne ou de poser les opérations. Calcule.**

1 245 – 648 | 3 600 – 500 | 4 620 – 320 | 942 – 287 | 2 200 – 300

MULTIPLIER PAR 10, 100, 1 000

* **5** **Calcule.**

10 × 7 = ...	100 × 5 = ...
10 × 24 = ...	100 × 16 = ...
10 × 320 = ...	100 × 69 = ...

* **6** **Complète.**

.... × 5 = 50	.... × 20 = 200
.... × 9 = 900	.... × 40 = 4 000
.... × 12 = 120	.... × 10 = 1 000

CONNAÎTRE LES TABLES

* **7** **Complète les égalités suivantes.**

6 × 3 = ...	14 = ... × 2
7 × 5 = ...	25 = ... × 5
8 × 2 = ...	21 = ... × 3

* **8** **Complète les égalités suivantes.**

3 × 9 = ...	72 = ... × 9
7 × 9 = ...	36 = ... × 9
6 × 9 = ...	81 = ... × 9

** **9** **Complète les égalités suivantes.**

12 = ... ×	18 = ... × ....
24 = ... ×	21 = ... × ....
45 = ... ×	54 = ... × ....

EFFECTUER DES CALCULS POSÉS

** **10** **Pose les opérations puis effectue les calculs.**

548 + 378 | 428 + 4 163 | 242 + 87 + 645

628 – 256 547 – 64 692 – 248

249 × 3 728 × 4

MESURER DES MASSES (t, kg, g)

(*) **11** **Complète.**

4 kg = ... g

1 kg 250 g = ... g

3 000 g = ... kg

4 520 g = ... kg .... g

2 t = ... kg

1 350 kg = ... t .... kg

(**) **12** **Calcule.**

2 kg + 600 g + 1 200 g = ...

500 g + 1 kg 500 g + 400 g = ...

1 200 g + 3 kg + 2 kg 400 g = ...

RÉSOUDRE DES PROBLÈMES

(*) **13** Nino lit un livre qui est découpé en 9 chapitres de 8 pages chacun.
Combien de pages y a-t-il dans ce livre ?

....

(**) **14** Nino prépare son cartable.

Combien pèsent tous les cahiers et la trousse de Nino ?

....

Combien pèse le cartable de Nino quand il est rempli ?

....

(*) **15** **Quelle est la masse de l'ananas ?**

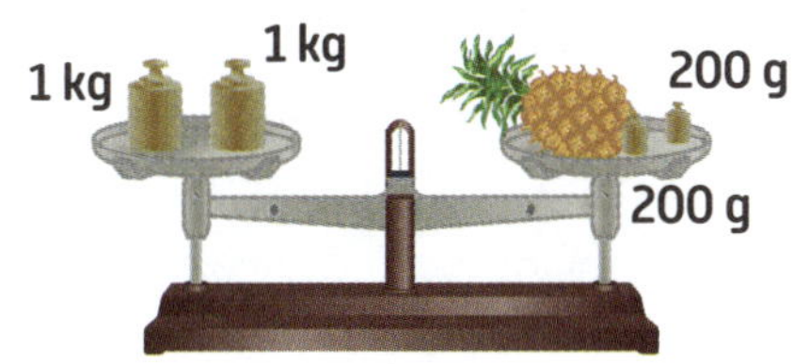

....

(*) **16** Cette année, la famille de Yanis a produit 1 t et 225 kg de déchets.
Parmi ces déchets, 645 kg ont été recyclés.
Quelle masse de déchets n'a pas été recyclée ?

....

....

(**) **17** Agatha et Lali doivent transporter deux sacs. Agatha porte le plus lourd.
Quel sac porte-t-elle ?
Sac rouge : 100 kiwis de 60 g chacun.
Sac bleu : 1 citrouille de 3 kg 800 g et 1 potimarron de 1 kg 600 g.

....

....

Construire un cercle passant par un point

Manipulation
Guide p. 134

CALCUL MENTAL
Écrire un nombre à 4 chiffres au tableau. → Faire écrire le nombre d'unités, de dizaines, de centaines, etc.

....

1 **Complète** le texte avec les mots suivants :

centre , cercle , point .

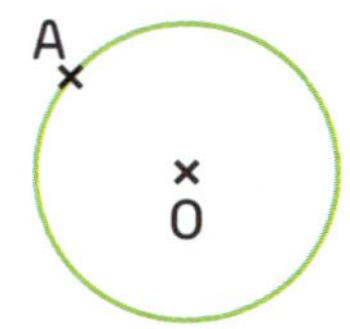

La figure verte est
un ....
de .... O
passant par
le .... A.

Entoure le ou les outil(s) permettant de tracer cette figure.

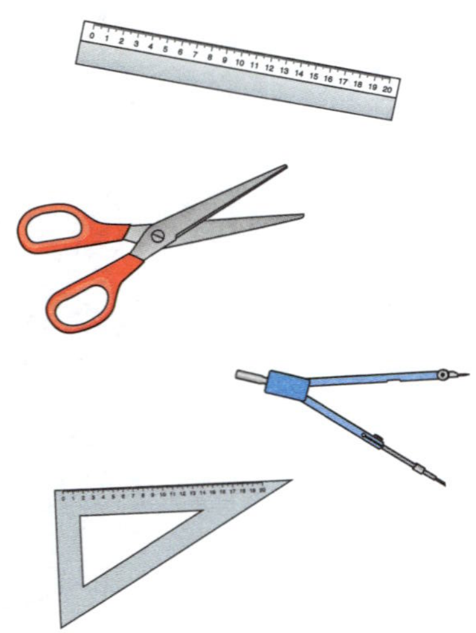

2 **Reproduis** la figure suivante.

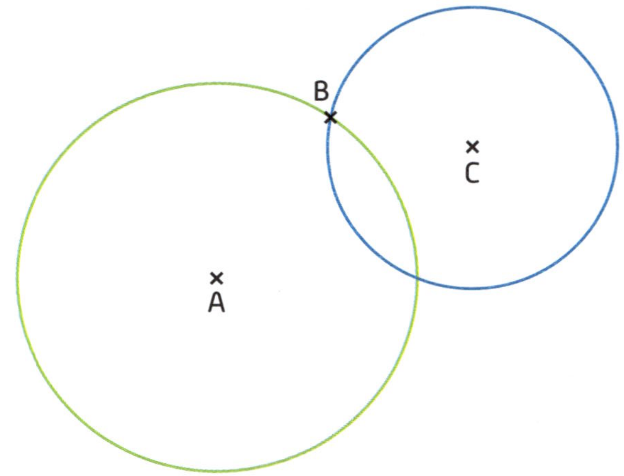

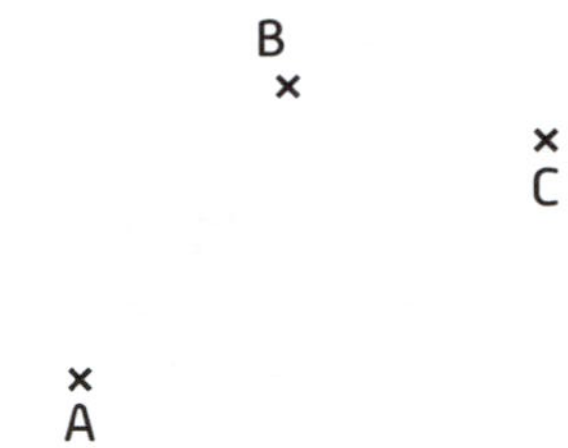

3 **Trace** les trois cercles de centre O passant par A, B et C.

4 **Trace** le cercle de centre O passant par A et le cercle de centre C passant par D.

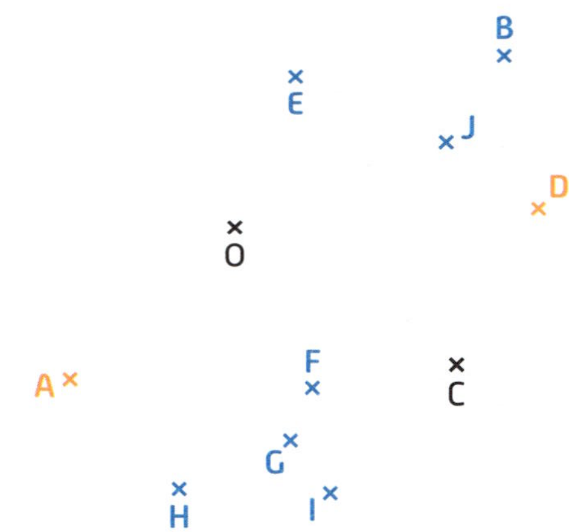

Quel point se situe sur les deux cercles ?

....

Compétence : Construire un cercle connaissant son centre et un point.

63 Construire un cercle à partir du rayon ou diamètre

Manipulation
Guide p. 136

CALCUL MENTAL
Faire écrire le complément pour arriver à 1 000.
Ex. : 625 pour arriver à 1 000.

....

1 Moustache se trouve à 3 cm du point O et sa balle à 4 cm.
Pour les retrouver, trace le cercle de centre O et de rayon 3 cm et le cercle de centre O et de rayon 4 cm.

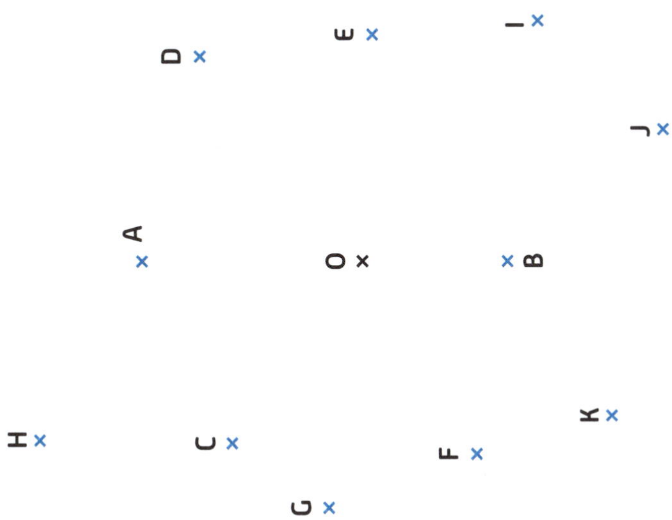

Entoure en jaune les points où Moustache pourrait se trouver.
Entoure en vert les points où sa balle pourrait se trouver.

2 **Trace un cercle de centre C et de rayon 3 cm et 5 mm.**
Trace un diamètre de ce cercle.

× C

3 **Construis le cercle qui a le segment [AB] pour diamètre.**

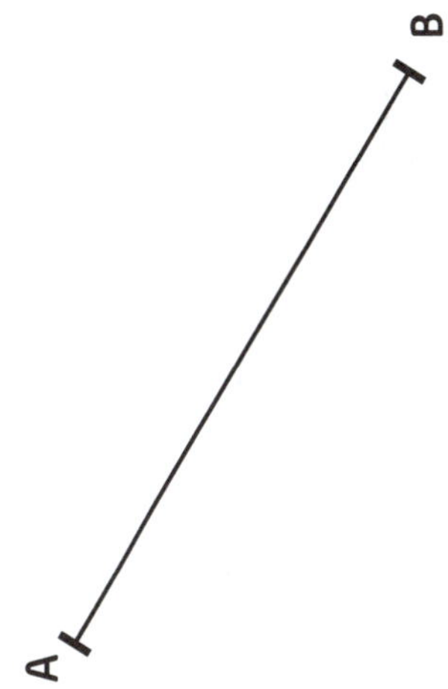

64 Mémoriser la table de multiplication par 6

Manipulation
Guide p. 138

CALCUL MENTAL
Écrire un nombre à 4 chiffres au tableau. → Faire écrire le nombre d'unités, de dizaines, de centaines, etc.

....

1 Archi souhaite acheter un souvenir dans la boutique du musée.

Observe bien l'illustration et invente une question mathématique.
Il faudra faire une multiplication pour trouver la réponse.

Écris la question que tu as inventée :

....
....
....

Écris ton calcul et la réponse :

....
....
....

2 **Entoure les nombres qui sont dans la table de 6.**

20 24 54 60
8 22 50 58

3 **Calcule.**

6 × 2 = ...
6 × 5 = ...
6 × 10 = ...

6 × 6 = ...
6 × 8 = ...
6 × 7 = ...

4 Un libraire doit ranger des livres dans des cartons. On peut ranger 6 livres par carton.
Complète le tableau suivant pour trouver combien de cartons le libraire devra prendre.

	Nombre de cartons nécessaires	Nombre de livres à ranger
Romans policiers	....	18
Romans de science-fiction	....	36
Romans historiques	....	48
Recueils de poésie	....	60
Littérature jeunesse	....	120

5 PROBLÈME Dans un restaurant, il y a 3 tables de 6 personnes et 4 tables de 4 personnes.
Ce restaurant pourra-t-il recevoir un groupe de 30 personnes ?

....
....

Compétence : Mémoriser des faits numériques : tables de multiplication.

65 Poser la soustraction avec une retenue (2)

Manipulation
Guide p. 140

CALCUL MENTAL
Énoncer des calculs issus de la table de multiplication de 6 du type :
6 × 8 ou 4 × 6.

....

1 Lali et Nino ont chacun commencé à lire un roman.
Effectue ces soustractions pour trouver combien de pages ils doivent encore lire.

Lali

	6	5	0
−	3	1	4
.....	.....	.....	.....

Nino

	9	0	1
−	5	8	6
.....	.....	.....	.....

Lali doit encore lire .... pages et Nino doit encore lire .... pages.

2 **Pose et calcule.**

576 – 258 463 – 187 7 930 – 3 753 6 605 – 2 408

3 **Complète ces soustractions à trous.**

	9	7	4
−	4	.....	.....
	.....	6	3

	7	7	.....	8
−	2	5	2	.....
	.....	.....	2	4

	5	9	.....	1
−	.....	5	2	3
	1	.....	2	.....

	.....	2	3	.....
−	1	.....	.....	5
	4	6	1	3

4 PROBLÈME Pendant les vacances, la famille de Lali a parcouru 1 546 km.
Le compteur de la voiture indique maintenant 9 642 km.
Combien le compteur indiquait-il avant le départ en vacances ?

....

....

5 PROBLÈME Cette année, il y a eu 8 606 visiteurs au musée de la ville.
C'est 2 714 visiteurs de plus que l'année dernière.
Combien y avait-il eu de visiteurs l'année dernière ?

....

....

Compétence : Mettre en œuvre un algorithme de calcul posé pour la soustraction.

66 Comprendre le sens de la division

Manipulation
Guide p. 142

CALCUL MENTAL
Écrire un nombre à 4 chiffres au tableau. → Faire écrire le nombre d'unités, de dizaines, de centaines, etc.

....

1 Nino reçoit ses amis. Il partage les 18 crêpes qu'il a préparées.
Combien chacun aura-t-il de crêpes ?

Partager 18 crêpes en 6 parts, c'est diviser 18 par 6 et cela fait ....

On peut aussi écrire 18 : 6 = ...

Complète le schéma :

18					
....	....	....	....	....	....

Écris la réponse.

....

....

....

2 Lali et Nino cueillent 30 fleurs dans un champ et font des bouquets de 5 fleurs.
Combien de bouquets peuvent-ils faire ?

Grouper 30 fleurs en bouquets de 5, c'est diviser 30 par 5 et cela fait ....

On peut aussi écrire 30 : 5 = ...

Termine le schéma :

30
5

Écris la réponse.

....

....

....

3 **Complète le tableau.**

Partager 32 en 4, c'est :	*Diviser 32 par 4.*	*Cela fait 8.*	*On peut aussi écrire 32 : 4 = 8.*
Partager 21 en 3, c'est :	....	....	....
.... :	Diviser 18 par 2.	....	....
.... :	....	....	On peut aussi écrire 24 : 6 = 4.
Grouper 33 objets par 11, c'est :	*Diviser 33 par 11.*	*Cela fait 3.*	*On peut aussi écrire 33 : 11 = 3.*
.... :	Diviser 50 par 10.	....	....

67 Reconnaître les propriétés des triangles rectangles

Manipulation
Guide p. 144

CALCUL MENTAL
Énoncer des phrases du type :
« Partager 25 en 5. » → Faire écrire le résultat.

....

1 **Utilise** tes instruments pour retrouver les propriétés de ces triangles et **complète** le tableau en ajoutant des croix.
Trace un petit carré pour marquer l'angle droit des triangles rectangles.

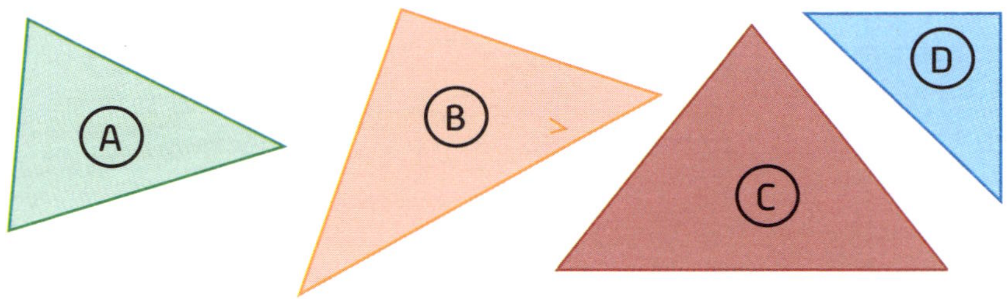

	Triangle A	Triangle B	Triangle C	Triangle D
1 angle droit				
2 côtés de même longueur				

Quels sont les triangles rectangles ? ....

2 **Lis** cet exemple.

Exemple :
Le polygone ABCD a 4 côtés.
Les côtés sont tous de la même longueur.
Le polygone a 4 angles droits.
*C'est **un carré**.*

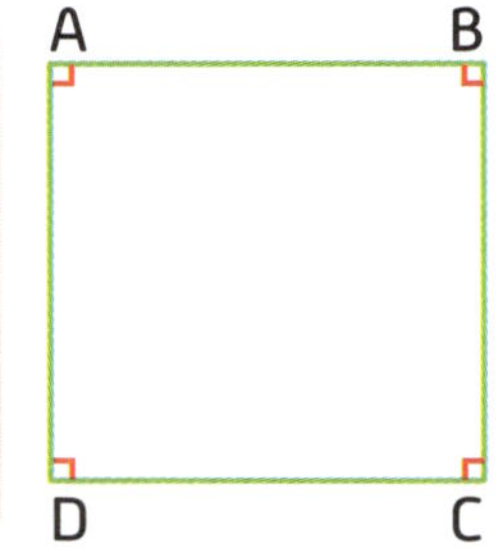

Relie les points A et C.
Décris et **nomme** le polygone ABC comme dans l'exemple.

....

....

....

3 **Trouve** un triangle rectangle sur chaque figure et **marque** son angle droit au crayon à papier.

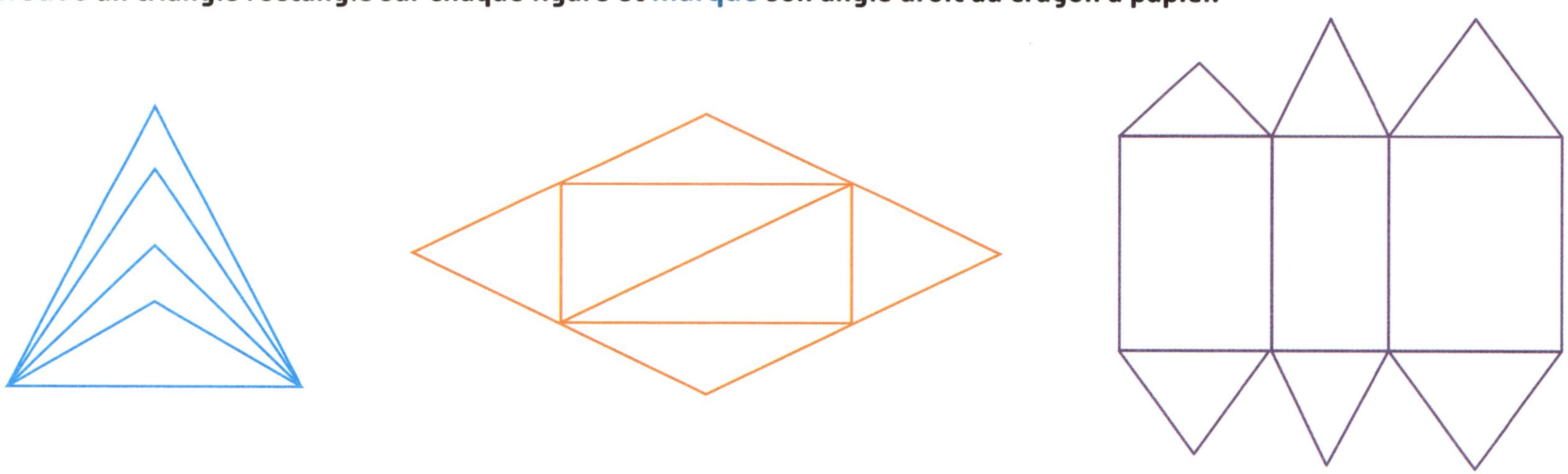

68 Construire des triangles rectangles

Manipulation
Guide p. 146

CALCUL MENTAL
Phrases du type : « Nino a 54 œufs qu'il partage dans 9 boîtes. Combien y a-t-il d'œufs par boîte ? »

....

1 **Trace** un triangle rectangle.

2 **Finis** de reproduire le triangle rectangle.

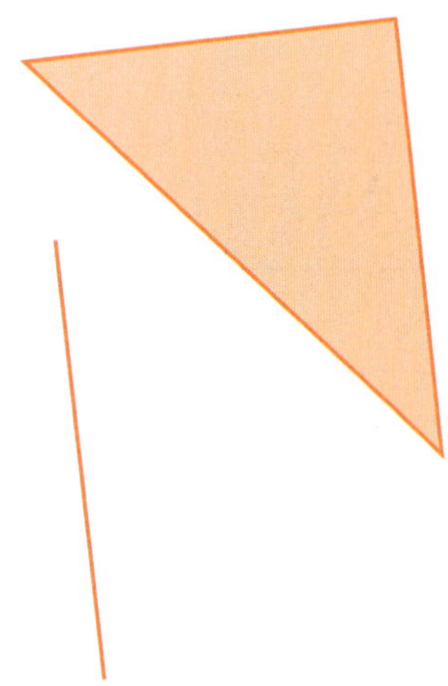

3 **Trace** précisément cette figure en utilisant tes instruments de géométrie.

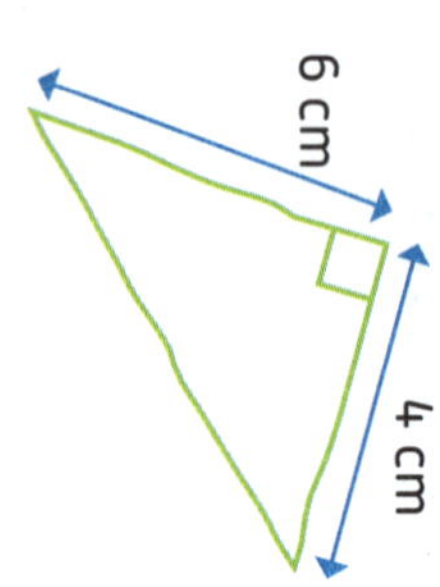

4 **Trace** un triangle rectangle dont l'un des côtés de l'angle droit mesure 5 cm et l'autre 7 cm 4 mm.
Commence par faire un dessin à main levée pour t'aider.

5 **Reproduis** cette figure avec tes instruments de géométrie en respectant les mesures.

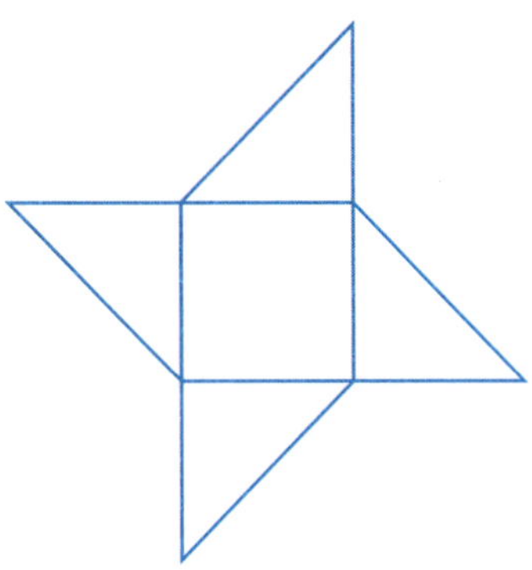

Compétence : Construire des triangles rectangles.

69 Résoudre des problèmes de géométrie

Manipulation
Guide p. 148

CALCUL MENTAL
Énoncer des additions et des soustractions du type : *621 – 40.*

....

1 * **Combien de triangles y a-t-il dans cette figure ?**

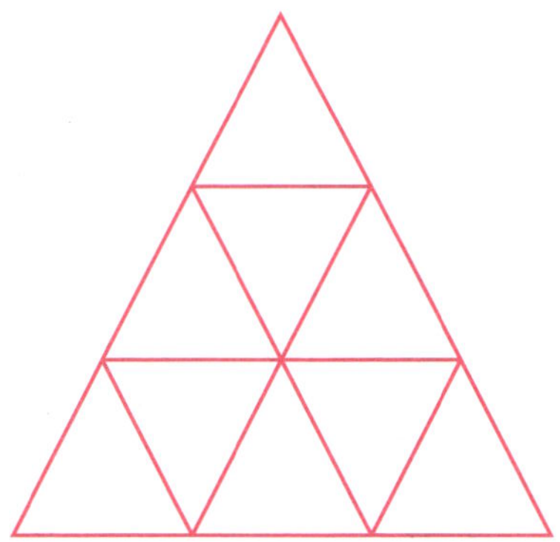

....

....

2 * **Trace le plus grand cercle possible à l'intérieur du carré, puis le carré le plus grand possible à l'intérieur du cercle.**

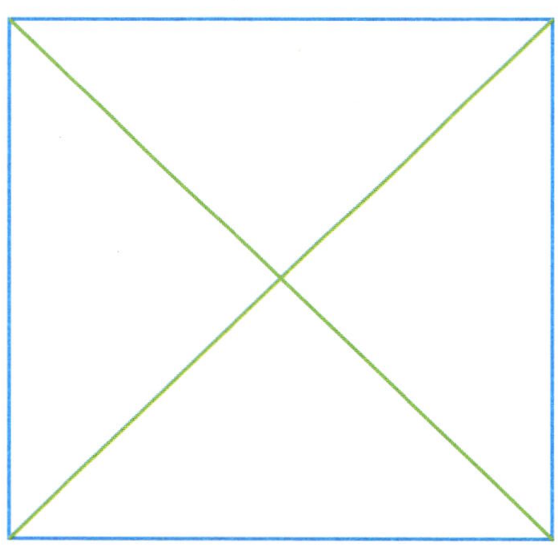

3 ** **Construis la figure en suivant les indications.**

- **Trace** à partir du point un carré de 4 carreaux de côté.
- **Trouve** le milieu de deux côtés qui se suivent.
- **Pose** la pointe du compas sur l'un de ces deux milieux.
- **Trace** un cercle dont un diamètre est un côté du carré.
- **Effectue** le même tracé à partir de l'autre milieu.
- **Repasse** au crayon le contour de toute la figure que tu as tracée.

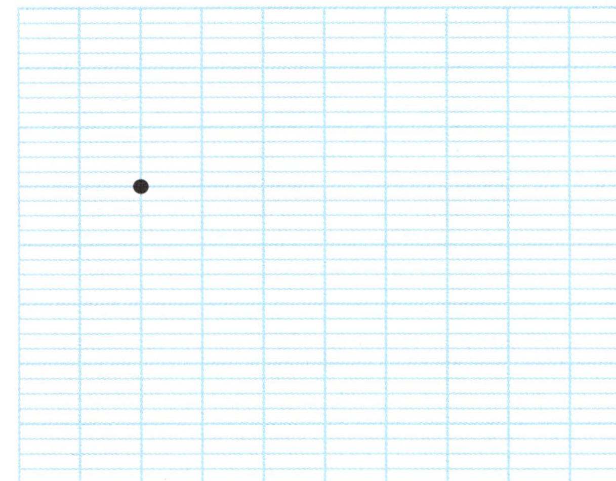

4 *** **Combien de petits cubes faut-il ajouter pour terminer la construction du grand cube ?**

....

....

....

....

Compétence : Résoudre des problèmes pour acquérir les notions de géométrie plane.

70 Je m'entraîne

CONNAÎTRE LA TABLE DE 6

* **1 Complète.**

9 × 6 = ...	3 × 6 = ...	24 = ... × 6
6 × 6 = ...	8 × 6 = ...	48 = ... × 6
7 × 6 = ...	2 × 6 = ...	30 = ... × 6

** **2 Complète.**

20 = ... × 6 + ...	63 = ... × 6 + ...
40 = ... × 6 + ...	55 = ... × 6 + ...
16 = ... × 6 + ...	50 = ... × 6 + ...

EFFECTUER DES CALCULS POSÉS

* **3 Pose les opérations puis effectue les calculs.**

572 + 268 | 849 + 786 | 475 + 214 + 356

423 – 268 | 526 – 259 | 209 – 124

465 × 9 | 208 × 6

RÉSOUDRE DES PROBLÈMES

Lis attentivement les énoncés, complète ou construis le schéma puis réponds à la question posée.

* **4** Dans un grand aquarium, il y a 996 poissons. On en ajoute 15.
Combien de poissons y a-t-il en tout ?

....	
....	....

....

* **5** Pour peser de la farine, Nino pèse un récipient vide puis il le remplit de farine.
Quelle masse de farine a-t-il versée dans le récipient ?

....

** **6** Le sac de sport de Lali pèse 2 kg 250 g. Elle y ajoute 6 balles qui pèsent 120 g chacune.
Combien pèse à présent son sac de sport ?

....

RECONNAÎTRE ET CONSTRUIRE DES TRIANGLES RECTANGLES

* **7** **Entoure les triangles rectangles et marque les angles droits.**

** **8** **Mesure et reproduis le triangle ci-dessous.**

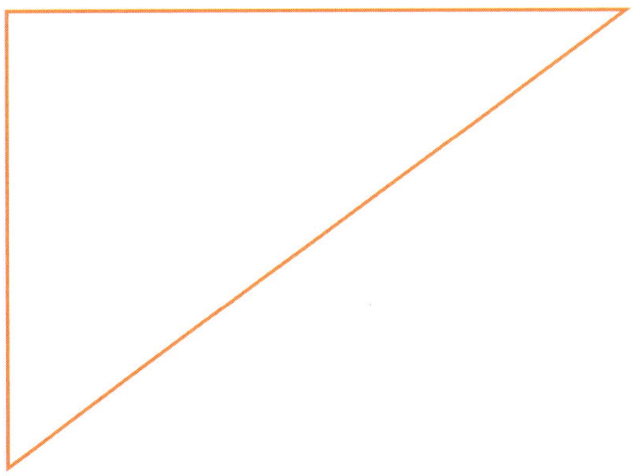

CONSTRUIRE UN CERCLE

* **9** **Trace le cercle de centre A et de rayon 3 cm 5 mm.**

× A

* **10** **Reproduis la figure suivante.**

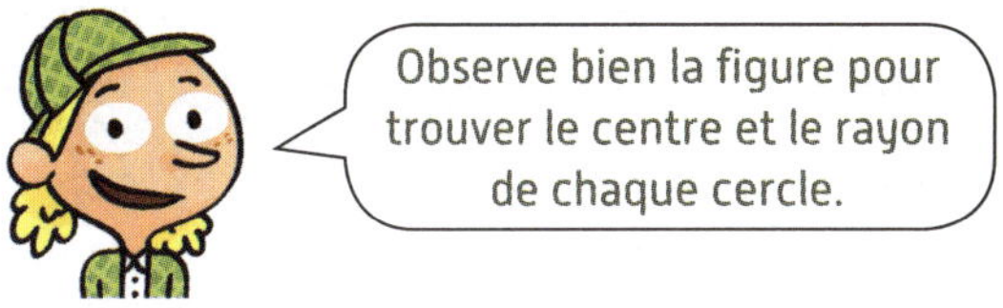

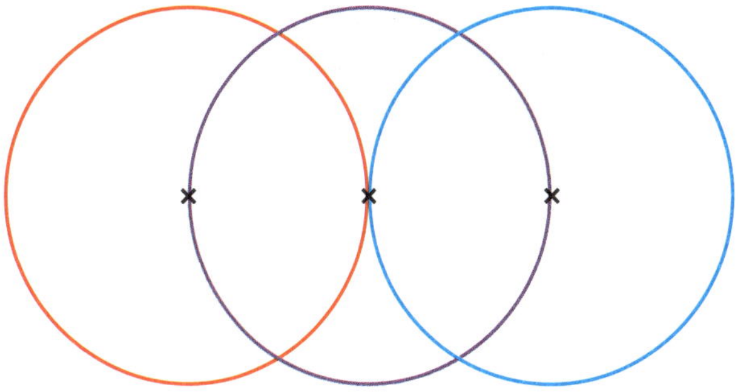

× × ×

Calcul en ligne

71 Multiplier un nombre par 20, 60, 300

Manipulation
Guide p. 150

CALCUL MENTAL
Énoncer des additions et des soustractions (nombres à 3 chiffres).

....

1 Aujourd'hui, le musée a vendu 6 paquets de 20 cartes postales de dinosaures. **Combien de cartes postales ont été vendues ?**
Complète.

6 × 20 = ... × .... × 10 = ... × 10 = ...

Le musée a vendu .... cartes postales.

2 Pour réaliser une maquette, Lali a besoin de 7 boîtes de 300 allumettes.
Combien d'allumettes cela fait-il en tout ?
Complète.

7 × 300 = ... × .... × 100 = ... × 100 = ...

Lali a besoin de .... allumettes.

3 **Calcule le nombre de points obtenus par chaque enfant.**

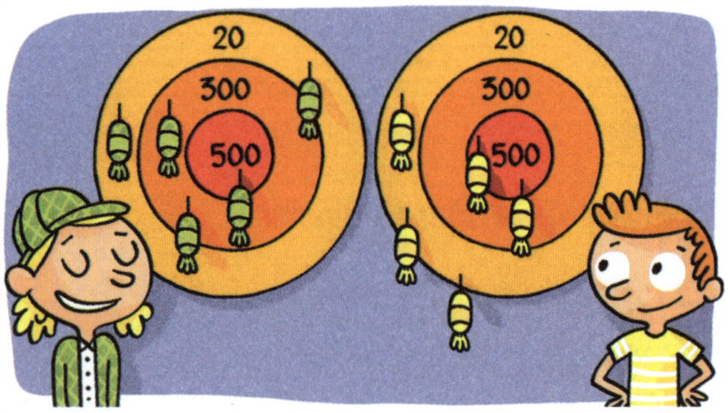

....

....

....

....

....

Agatha : .... Nino : ....

4 **Calcule.**

2 × 30 = ...	600 × 6 = ...
5 × 20 = ...	500 × 9 = ...
8 × 50 = ...	4 × 2 000 = ...

5 **Complète.**

2 × .... = 8 000	.... × 600 = 5 400
8 × .... = 2 400	.... × 900 = 7 200
9 × .... = 3 600	.... × 500 = 3 500

6 PROBLÈME Un TGV roule à 300 km par heure.
Combien de kilomètres parcourt-il :

en 2 heures ? .... en 4 heures ? ....

en 7 heures ? .... en 10 heures ? ....

7 PROBLÈME Anna a acheté 60 sachets de 40 ballons pour son anniversaire.
Combien de ballons a-t-elle achetés en tout ?

....

 Compétence : Élaborer ou choisir des stratégies de calcul en ligne en utilisant les propriétés de la numération.

72 Poser la multiplication par un nombre à 2 chiffres (1)

Manipulation
Guide p. 152

CALCUL MENTAL
Énoncer des multiplications du type :
6 × 40, 4 × 800.

....

1 Une costumière a commandé des strass pour des robes d'actrices. Elle a d'abord commandé 6 paquets de 237 strass puis elle a recommandé 20 paquets de 237 strass.
Calcule le nombre de strass pour chaque commande.

commande 1

	2	3	7
×			6
....	....	....	....

commande 2

	2	3	7
×		2	0
....	....	....	....

commande totale

	2	3	7
×		2	6
....	....	....	....
....	....	....	....
....	....	....	....

2 Calcule.

358 × 24	703 × 14	316 × 35	290 × 46
.... ← 358 × 4	.... ← 703 × 4	.... ← 316 × 5	.... ← 290 × 6
.... ← 358 × 20	.... ← 703 × 10	.... ← 316 × 30	.... ← 290 × 40
....	....	....	....

3 Calcule.

		3	5	8
×			4	6
	.....	.....	.....	.....
.....	.....	.....	.....	.....
.....	.....	.....	.....	.....

		2	6	4
×			3	9
	.....	.....	.....	.....
	.....	.....	.....	.....
.....	.....	.....	.....	.....

4 Pose et calcule. 234 × 58

5 PROBLÈME Le maraîcher a récolté 23 caisses de 46 salades et 18 cartons de 65 carottes.

Combien de légumes de chaque sorte a-t-il récoltés ?

....

....

Compétence : Mettre en œuvre un algorithme de calcul posé pour la multiplication.

73 Utiliser les euros et les centimes d'euro

Manipulation
Guide p. 154

CALCUL MENTAL
Énoncer des calculs du type :
20 × 4. → Faire écrire le résultat.

....

1 **Dessine** des pièces de centimes d'euro dans chaque porte-monnaie afin d'obtenir 1 €. **Trouve** 3 solutions différentes.

2 **Complète** les égalités suivantes.

1 € + 50 c + 50 c + 10 c = ... € c

20 c + 20 c + 20 c + 20 c + 2 € + 5 c = ... € c

50 c + 1 € + 10 c + 10 c + 10 c + 10 c + 2 € + 5 c = ... € c

20 c + 20 c + 20 c + 20 c + 10 c + 10 c + 50 c + 2 c + 2 c = ... € c

50 c + 50 c + 50 c + 50 c + 1 € + 20 c + 20 c + 20 c + 20 c = ... € c

3 **Complète** comme dans l'exemple.

Exemple : *150 c = 1 € 50 c*

250 c = ...	899 c = ...
400 c = ...	1 000 c = ...
350 c = ...	228 c = ...

4 **Complète** le porte-monnaie bleu en dessinant les pièces pour qu'il y ait la même somme que dans le porte-monnaie rouge.

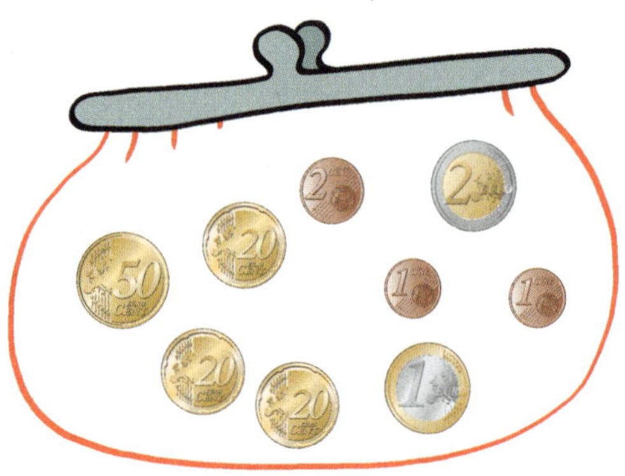

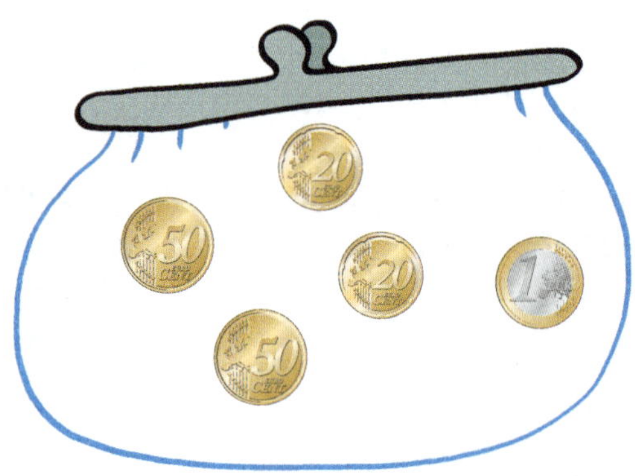

Compétence : Connaître la relation entre euro et centimes d'euro.

74 Résoudre des problèmes utilisant la monnaie

Manipulation
Guide p. 156

CALCUL MENTAL
Écrire au tableau des calculs du type : *7 € 50 c + 2 € 50 c.* → Faire écrire le résultat.

....

* **1** La responsable du musée a besoin d'une nouvelle vitrine.
A-t-elle assez d'argent ?

....

Nino veut acheter une loupe pour les enquêtes.
A-t-il assez d'argent ?

....

** **2** **Combien d'euros le client va-t-il payer ?**

....

** **3** **Combien d'euros rendra-t-on à chacun de ces clients ?**

a. Natacha achète un livre à 36 €, elle donne un billet de 100 €.

....

b. Fabio achète des chaussons de danse à 37 € 70 c. Il donne un billet de 50 €.

....

*** **4** Pour acheter un ordinateur à 467 €, Iris a 3 billets de 100 €, 3 billets de 50 €, 1 billet de 10 €, 1 pièce de 2 € et 2 pièces de 50 c. **A-t-elle assez d'argent pour acheter l'ordinateur ? Si non, combien d'euros lui manque-t-il ?**

....
....
....
....
....

75 Comprendre le lien entre multiplication et division

Manipulation
Guide p. 158

Énoncer des phrases du type :
« Je donne 100 € pour payer 58 €, combien va-t-on me rendre ? »
→ Faire écrire le résultat.

....

1 Nino fabrique des bijoux en perles pour ses amis. Il dispose des perles suivantes :

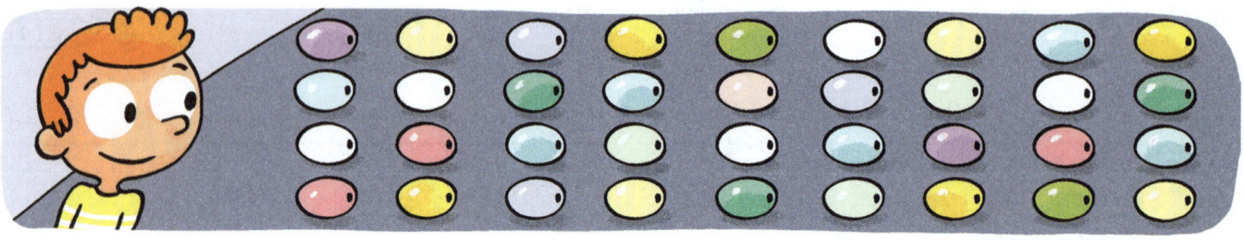

Observe le dessin et complète : .... × .... = ... × .... = ...

Il y a 36 perles. Il peut diviser ce total pour fabriquer des colliers de 9 perles ou des bracelets de 4 perles.

36 divisé par 9 = ..., dans 36, il y a .... fois 9. Il va pouvoir fabriquer .... colliers.

36 divisé par 4 = ..., dans 36, il y a .... fois 4. Il va pouvoir créer .... bracelets.

2 Un chocolatier doit ranger 32 chocolats, il peut utiliser des boîtes de 10 chocolats ou des sachets de 3 chocolats. **Complète.**

32 = ... × 10 + ... = ... × 3 + ...

Il peut faire .... boîtes de 10 et il restera .... chocolats.

Il peut aussi faire .... sachets de 3 et il restera .... chocolats.

3 **Complète les cases du tableau comme dans l'exemple.**

9 × 5 = 45	*45 divisé par 5 = 9*	*45 divisé par 9 = 5*	*Dans 45, il y a 9 fois 5.*
7 × 4 = 28	28 divisé par 4 = ...	28 divisé par 7 = ...	Dans 28, il y a .... fois 4.
8 × .... = 64	64 divisé par 8 = ...	64 divisé par 8 = ...	Dans 64, il y a .... fois 8.
6 × .... = 42	42 divisé par 7 = ...	42 divisé par 6 = ...	Dans 42, il y a .... fois 7.
7 × .... = 35	35 divisé par 5 = ...	35 divisé par 7 = ...	Dans 35, il y a .... fois 5.

4 PROBLÈME Archi range ses 24 figurines. Il peut faire des paquets de 4 figurines ou des paquets de 6 figurines.

a. Combien de paquets de 4 figurines peut-il préparer ? Restera-t-il des figurines ?

....

....

b. Combien de paquets de 6 figurines peut-il préparer ? Restera-t-il des figurines ?

....

....

Compétence : Utiliser la multiplication et la division, sens des symboles ×, :.

76 Exploiter un graphique, un tableau

Manipulation
Guide p. 160

CALCUL MENTAL
Énoncer des phrases du type :
« 20 divisé par 5. » → Faire écrire le résultat.

....

* **1** **Sur les 27 enfants de la classe de Lali et Nino, combien partiront en vacances en ville ?**

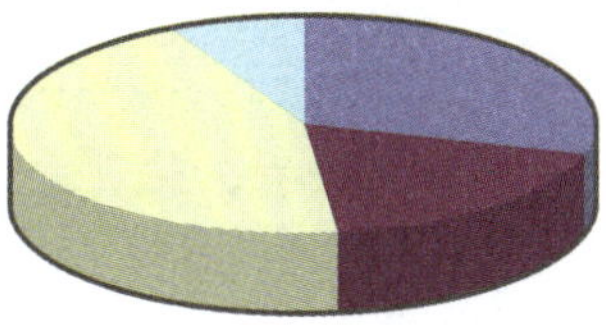

à la mer	8
à la montagne	5
à la campagne	12
à l'étranger	......

....

....

** **2** Les élèves de CE2 se sont inscrits à des activités sportives.
À quelles activités Lali et Nino se sont-ils inscrits ?
Complète le tableau et réponds à la question.

- Théo pratique la danse et joue au ping-pong.
- Lina s'est inscrite à toutes les activités sauf au handball.
- Rayan a choisi les activités où Théo n'est pas inscrit.
- Éva continue la danse. C'est sa 3e année.
- Nino a choisi l'activité la plus pratiquée par les autres élèves.
- Lali a choisi celle qui est la moins pratiquée.

	Danse	Tennis	Handball	Ping-pong
Lina	....	....	....	....
Théo	....	....	....	....
Rayan	....	....	....	....
Éva	....	....	....	....

....

*** **3** **Complète le tableau à l'aide des données suivantes.**

- Mardi matin, il y a eu 14 visiteurs.
- Jeudi, il y en a eu 40 en tout.
- Vendredi après-midi, il y en a eu autant que samedi après-midi.

	Mardi	Mercredi	Jeudi	Vendredi	Samedi	Dimanche
Le matin	....	12	....	15	68	62
L'après-midi	....	52	25	....	84	90
Toute la journée	46	....	....	....	....	....

Compétence : Résoudre des problèmes impliquant l'exploitation d'un tableau ou d'un graphique.

Je m'entraîne

CONNAÎTRE LE LIEN ENTRE MULTIPLICATION ET DIVISION

* **1 Complète comme dans l'exemple.**

6 × 4 = 24	*24 divisé par 6 = 4*	*24 divisé par 4 = 6*
3 × 9 = 27	27 divisé par 3 = ...	27 divisé par 9 = ...
2 × 8 = 16	....	....
5 × 6 = ...	....	....
6 × 8 = ...	....	....
7 × 6 = ...	....	....

MULTIPLIER PAR 20, 60, 300

* **2 Calcule.**

7 × 50 = ...

6 × 600 = ...

9 × 200 = ...

50 × 5 = ...

30 × 9 = ...

2 000 × 6 = ...

UTILISER UN TABLEAU, UN GRAPHIQUE

* **3** Tous les jours à 8 h 30, à 11 h et à 16 h, les élèves relèvent les températures.
Quel après-midi a été le plus chaud ?

	Lundi	Mardi	Mercredi	Jeudi	Vendredi
8 h 30	6°	6°	5°	8°	9°
11 h	11°	10°	10°	12°	13°
16 h	16°	13°	13°	14°	15°

Écris la réponse.

....

* **4 Quelles sont les activités qui accueillent plus de 10 enfants ?**

Nombre d'enfants par activités

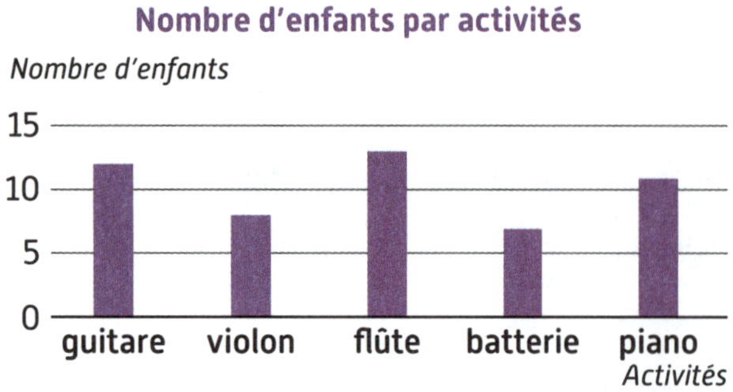

....

** **5 Termine la construction de ce graphique à partir des données du tableau.**

Températures moyennes selon le mois

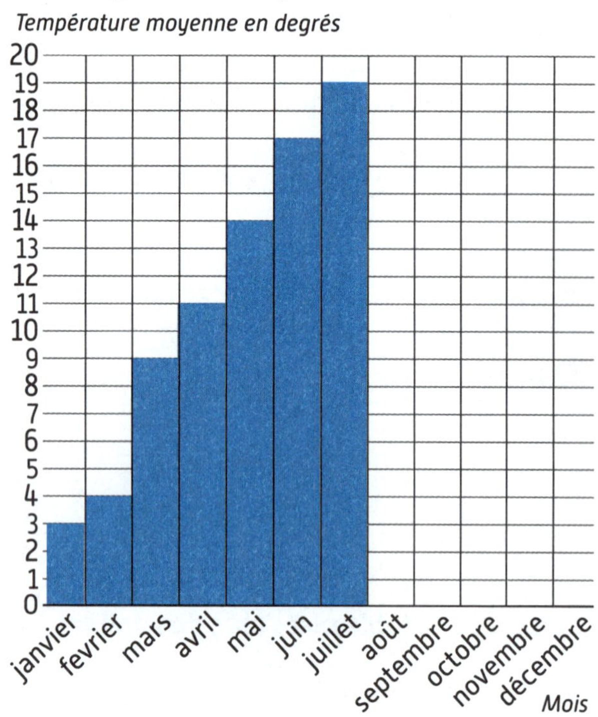

Mois	Températures moyennes en degrés
Août	19
Septembre	16
Octobre	12
Novembre	7
Décembre	4

EFFECTUER DES CALCULS POSÉS

6 **Pose les opérations puis effectue les calculs.**

1 248 – 482 | 806 – 45

46 × 34 | 436 × 59

RÉSOUDRE DES PROBLÈMES

7 Hugo veut acheter des chaussures à 27 € 35 c.
Combien d'euros lui rendra-t-on s'il donne 30 € ?

8 Lali voudrait échanger ses 3 pièces de 2 € contre des pièces de 50 centimes d'euro.
Combien de pièces de 50 centimes d'euro va-t-elle avoir ?

9 Le père de Lali veut acheter des rosiers.
Chaque rosier coûte 6 €.
Il souhaite en acheter 60.
Combien d'euros va-t-il payer ?

10 Dans un magasin de bricolage, Yasmine achète 3 planches à 12 €, 2 sachets de vis à 3 € 50 c l'unité et un marteau à 8 € 30 c.

a. **Combien d'euros va-t-elle payer ?**

b. **Combien d'euros va-t-on lui rendre si elle donne 1 billet de 50 € et 1 billet de 20 € ?**

11 Archi a 24 pièces de 50 centimes d'euro dans sa tirelire.
Combien de gâteaux à 1 € 50 c peut-il acheter avec cette somme d'argent ?

12 Lola possède 279 perles. Elle fabrique 13 colliers de 18 perles. Avec le reste de perles, elle décide de confectionner des bracelets de 9 perles.
Combien de bracelets va-t-elle réaliser ?

13 Une camionnette peut transporter jusqu'à 3 t de marchandise.
Pourra-t-elle transporter l'ensemble de ces caisses ?
- 12 caisses de 75 kg
- 12 caisses de 85 kg
- 12 caisses de 95 kg

séances 55 à 77

BILAN

1 — Mémoriser des faits numériques.

Calcule.

4 × 9 = ……..	3 × 9 = ……..	7 × 9 = ……..	18 = …….. × 9	45 = …….. × 9
5 × 6 = ……..	3 × 6 = ……..	6 × 6 = ……..	24 = …….. × 6	54 = …….. × 6

2 — Mémoriser des faits numériques.

Calcule.

8 × 10 = ……………………	100 × 6 = ……………………	8 × 1 000 = ……………………
10 × 13 = ……………………	37 × 100 = ……………………	1 000 × 4 = ……………………
10 × 153 = ……………………	100 × 10 = ……………………	318 × 10 = ……………………

3 — Calculer en utilisant des écritures multiplicatives en ligne.

Calcule.

3 × 20 = ……….	12 × 30 = ……….	4 × 200 = ……….
11 × 300 = ……….	2 × 3 000 = ……….	4 × 2 000 = ……….

4 — Effectuer une soustraction posée.

Pose et calcule.

452 – 281

1 249 – 872

345 – 128

1 804 – 536

5 — Effectuer une multiplication posée.

Pose et calcule.

943 × 53

708 × 49

6 — Établir des relations entre les unités de masse (kg et g).

Complète.

1 000 g = …….. kg

3 600 g = …….. kg …….. g

4 812 g = …….. kg …….. g

2 kg = ……………… g

4 kg 200 g = ……………… g

4 kg 78 g = ……………… g

7 Résoudre des problèmes d'utilisation de la monnaie.

Calcule.

Lali

Nino

Quelle somme d'argent chaque enfant a-t-il dans son porte-monnaie ?

....

....

8 Construire un triangle rectangle sur un support uni en connaissant la longueur des côtés.

Trace un triangle rectangle dont l'un des côtés de l'angle droit mesure 4 cm et l'autre 2 cm 5 mm.

9 Construire un cercle en connaissant son centre et un point ou son centre et son rayon.

Trace le cercle de centre A passant par B.
Trace le cercle de centre A et de rayon 3 cm.
Trace un diamètre du dernier cercle tracé.

× A   × B

10 Résoudre des problèmes impliquant des masses.

Un cuisinier doit prévoir le repas de 24 joueuses de rugby. Il veut préparer 200 g de pâtes par joueuse.

Combien de paquets de 1 kg doit-il acheter ?

....

....

79 JEUX MATHÉMATIQUES

Sudoku des couleurs

Chaque couleur doit apparaître sur chaque ligne et sur chaque colonne.
Complète les quadrillages.

• Utilise le **rouge**, le **bleu**, le **vert** et le **jaune**.

• Utilise le **rouge**, le **bleu**, le **vert**, le **jaune** et le **violet**.

Prix mystérieux

Combien coûte un ordinateur ? ……………………………………………………

Combien coûte un vélo ? ……………………………………………………

Combien coûte une poire ? ……………………………………………………

Rosace

Reproduis la figure et **colorie**-la.

Balances mystères

Trouve la masse d'une poire, d'une clémentine, d'un abricot et d'une paire de cerises.

: .... : .... : .... : ....

ENQUÊTE AU

Défi animé
lienmini.fr/archice2-defi07

Défi 7 *Recomposer les nombres*

PLANÉTARIUM

Défi animé
lienmini.fr/archice2-defi08

Défi 8 *Trouver un ordre de grandeur*

Aigle	Cassiopée	Cygne	Andromède	Serpent	Bouvier	Dauphin
131	168	274	158	119	148	42

80 Utiliser le tableau de Pythagore

Manipulation
Guide p. 168

CALCUL MENTAL
Énoncer un nombre, les élèves écrivent une multiplication qui a ce nombre comme résultat (toutes les solutions ne sont pas exigibles).

....

1 Agatha a gommé certaines cases du tableau de Pythagore.
Complète-le en effectuant le moins de calculs possible.

×	7	8	9	10
7	49	....	63	....
8	56	64	....	....
9	....	....	81	90
10	70	80	....	100

2 **Complète cette partie du tableau de Pythagore.**

×	4	5	6	7	8
3	....	....	....	....	....
4	....	....	....	....	....
5	....	....	....	....	....

3 **Pour chaque calcul, écris ta stratégie puis calcule.**

7×3 = ... = ...
4×8 = ... = ...
6×9 = ... = ...
4×9 = ... = ...
8×2 = ... = ...
4×6 = ... = ...

4 **Complète le tableau de commandes du chocolatier.**
Propose une seule solution à chaque fois.

Nombre de chocolats commandés	Boîtes à préparer
35	*7 boîtes de 5 chocolats*
21	....
24	....
30	....
28	....
16	....
32	....

5 PROBLÈME **Combien de billes y a-t-il sur ce plateau de jeu ?**

....

6 PROBLÈME **De combien de cubes un Rubik's Cube est-il constitué ?**

....

Compétence : Mémoriser des faits numériques : tables de multiplication.

81 Calculer avec des paquets de 10, 100 et 1 000

Manipulation
Guide p. 170

CALCUL MENTAL
Énoncer des calculs du type :
3 × 80 ou 5 × 700.

....

1 Archi et Nino collent des étiquettes sur une grande fresque pour représenter chacun une galaxie avec 2 150 étoiles.

Étiquette de petite taille : 10 étoiles

Étiquette de taille moyenne : 100 étoiles

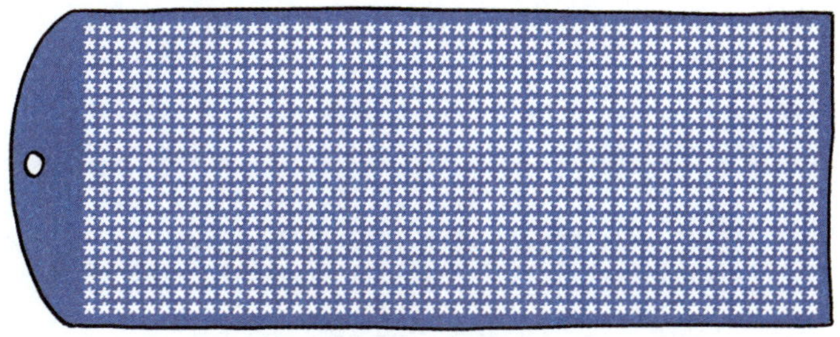

Étiquette de grande taille : 1 000 étoiles

Nino veut utiliser le moins d'étiquettes possible.
Combien d'étiquettes de chaque sorte doit-il prendre ?

2 150 = (..... × 1 000) + (..... × 100) + (..... × 10)

....

....

Archi veut utiliser uniquement des étiquettes de petite taille.
Combien d'étiquettes doit-il prendre ?

2 150 = ... × 10

....

....

2 **Écris les nombres correspondant aux décompositions suivantes.**

(4 × 1 000) + (5 × 100) + (7 × 10) + 8 = ...

(6 × 1 000) + (3 × 10) + 42 = ...

(8 × 1 000) + 614 = ...

(3 × 100) + (25 × 10) = ...

3 **Décompose.**

5 230 = (........ × 1 000) + ...

3 106 = (........ × 10) + ...

6 243 = (........ × 100) + ...

4 951 = (........ × 100) + ...

4 **PROBLÈME** Le postier trie le courrier. Il remplit 5 boîtes de 100 lettres et 28 sacoches de 10 lettres.
Combien de lettres a-t-il triées en tout ?

....

....

5 **PROBLÈME** Une directrice d'école a commandé 2 cartons de 1 000 feuilles blanches et 24 ramettes de 100 feuilles de différentes couleurs.
Combien de feuilles a-t-elle commandées en tout ?

....

....

82 Reconnaître des figures présentant un axe de symétrie

Manipulation
Guide p. 172

CALCUL MENTAL
Énoncer des multiplications par 10, par 100 ou par 1 000 du type :
4 × 1 000 ou 236 × 10.

....

1 **Utilise** les gabarits du matériel pour chercher les axes de symétrie par pliage.
Quand il y en a, **trace**-les sur les figures.

2 **Décalque** ces figures et **trouve** tous les axes de symétrie. **Trace**-les sur les figures.

3 **Repasse** sur les traits en pointillé si ce sont des axes de symétrie.

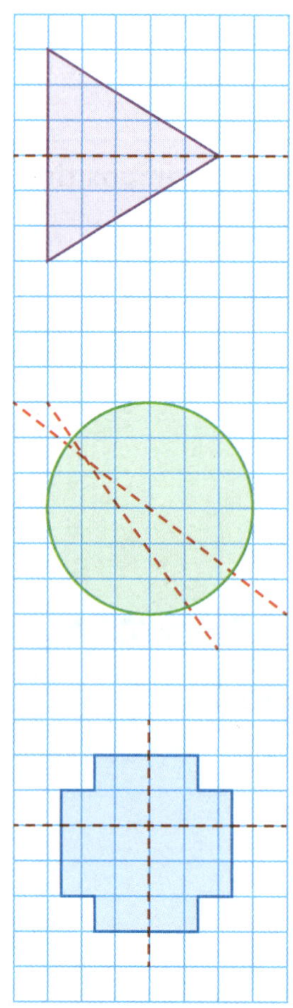

4 PROBLÈME **Entoure** les mots qui contiennent un axe de symétrie.

TATA

CAR

MOTO

VÉLO

Compétence : Reconnaître si une figure présente un axe de symétrie.

83 Compléter une figure par symétrie

Manipulation
Guide p. 174

CALCUL MENTAL
Énoncer des calculs issus des tables de multiplication, notamment la table de 9.

....

1 **Complète** par symétrie ce message pour trouver à quel numéro Agatha a donné rendez-vous à Lali.

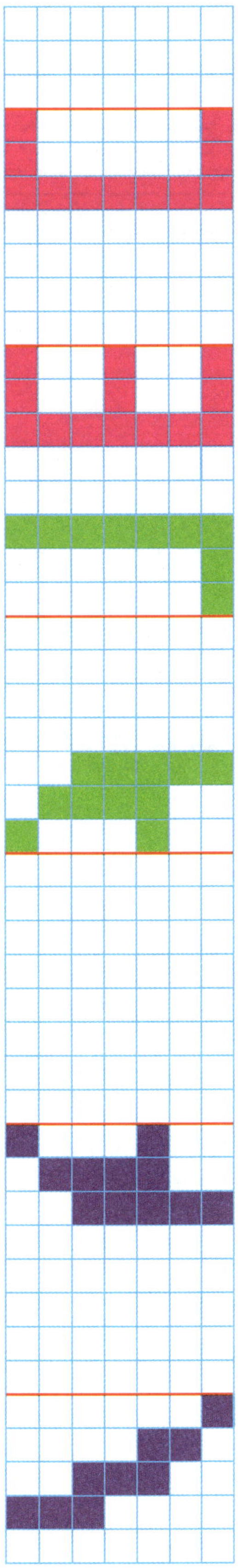

2 **Trace** le symétrique de ces figures.

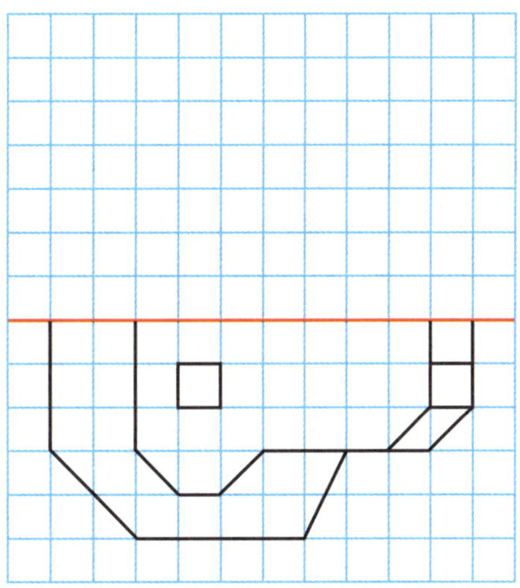

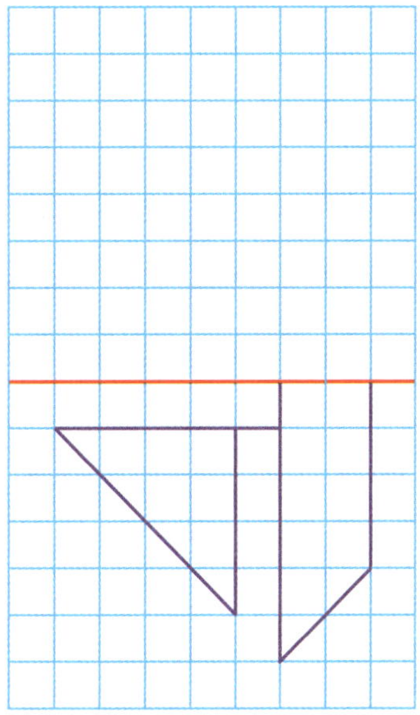

3 Avec du papier calque, **trace** le symétrique de cette figure.

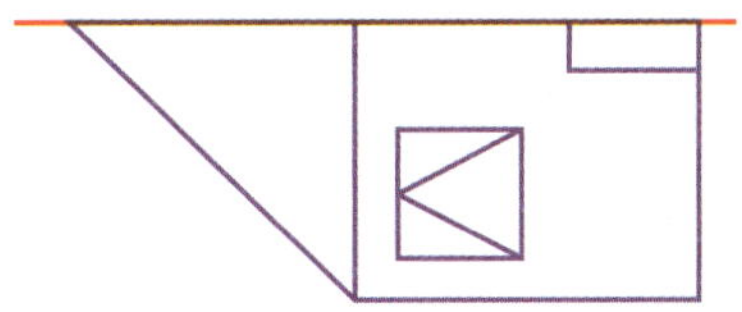

4 Avec du papier calque, **prolonge** chaque figure en **traçant** son symétrique par rapport à l'axe.

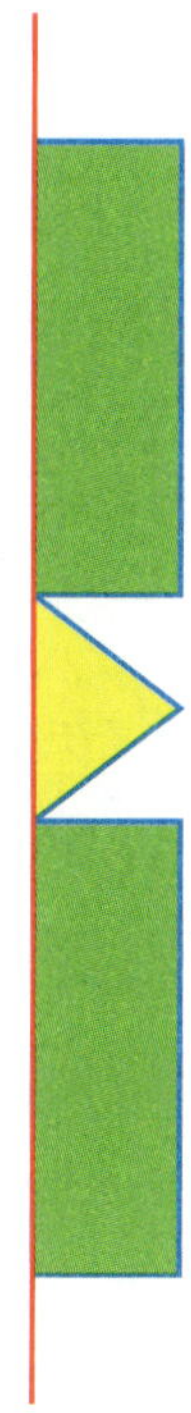

Compétence : Compléter une figure pour qu'elle soit symétrique par rapport à un axe donné.

84 Diviser pour chercher la valeur d'une part

Manipulation
Guide p. 176

CALCUL MENTAL
Énoncer des calculs issus des tables de multiplication, notamment la table de 6.

....

1 Lali range 24 planètes en carton dans 3 boîtes identiques pour fabriquer des maquettes du système solaire.
Combien de planètes range-t-elle par boîte ? Tu peux distribuer les planètes dans chaque boîte.

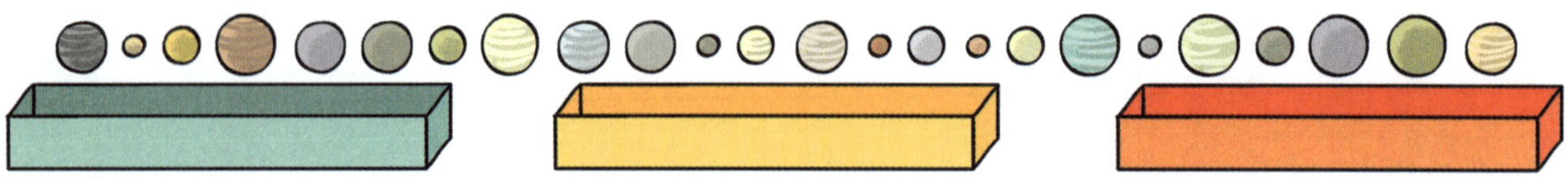

Complète. 24 : 3 = ... car 3 × .... = 24. Dans 24, il y a 3 fois .... car 3 × .... = 24.

2 **Complète.**

Dans 42, combien de fois y a-t-il 6 ? Dans 42, il y a .... fois 6 ; 42 : 6 = ... car .... × 6 = 42.

Dans 30, combien de fois y a-t-il 3 ? Dans 30, il y a .... fois 3 ; 30 : 3 = ... car .... × 3 = 30.

Dans 25, combien de fois y a-t-il 5 ? Dans 25, il y a .... fois 5 ; 25 : 5 = ... car .... × 5 = 25.

3 Nino souhaite ranger sa collection de 28 plumes de paon dans 5 enveloppes.
Combien de plumes met-il par enveloppe ? Tu peux distribuer les plumes dans chaque enveloppe.

Complète. .... × 5 < 28 < .... × 5, donc 28 = ... × 5 + ...

Nino met .... plumes par enveloppe et il restera .... plumes,

car dans 28, il y a .... fois 5 et il reste ....

4 **Complète comme dans l'exemple.**

37 divisé par 8 : 4 × 8 < 37 < 5 × 8.
Donc 37 = 4 × 8 + 5.

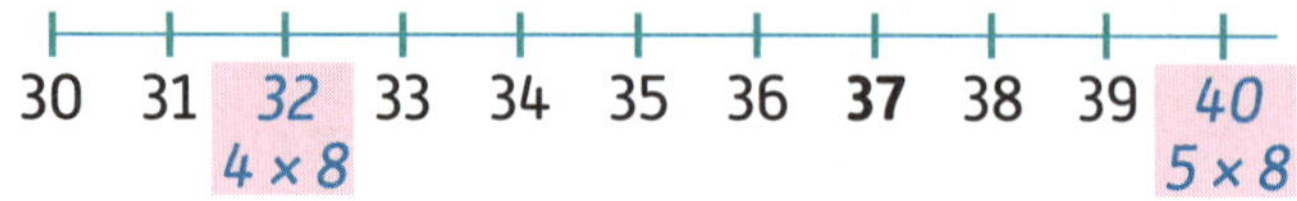

46 divisé par 6 : .... < 46 < .... donc 46 = ...

26 divisé par 9 : .... < 26 < .... donc 26 = ...

5 **PROBLÈME** 4 amis jouent aux cartes avec un jeu de 32 cartes.
On partage toutes les cartes.
Combien de cartes chaque joueur reçoit-il ?

....

....

Compétence : Comprendre le sens des opérations : la division.

85 Diviser pour chercher le nombre de parts

Manipulation
Guide p. 178

CALCUL MENTAL
Énoncer des phrases du type : « Avec 18 roses, Nino fait 3 bouquets identiques. Combien de roses y a-t-il par bouquet ? »

....

1 Un décorateur range 18 lanternes dans des boîtes.
Il peut mettre 3 lanternes dans chaque boîte.
Combien de boîtes a-t-il utilisées ?
Tu peux entourer les lanternes pour trouver le nombre de boîtes.

Complète. 18 : 3 = ... car 3 × .... = 18.

Dans 18, il y a .... fois 3 car 3 × .... = 18.

2 Complète.

Dans 24, combien de fois y a-t-il 6 ? Dans 24, il y a .... fois 6 ; 24 : 6 = ... car .... × 6 = 24.

Dans 72, combien de fois y a-t-il 9 ? Dans 72, il y a .... fois 9 ; 72 : 9 = ... car .... × 9 = 72.

Dans 35, combien de fois y a-t-il 5 ? Dans 35, il y a .... fois 5 ; 35 : 5 = ... car .... × 5 = 35.

3 Lali a cueilli 44 mûres. Elle veut préparer des crêpes et mettre 6 mûres par crêpe.
Combien de crêpes peut-elle préparer ?
Complète.

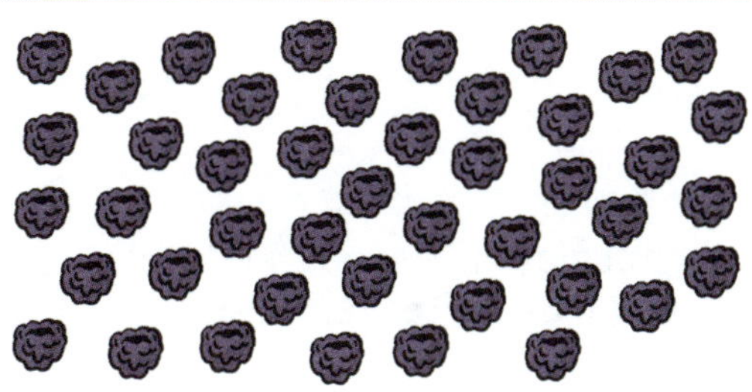

.... × 6 < 44 < .... × 6, car 44 = ... × 6 + ...

Lali prépare .... crêpes et il restera .... mûres,

car dans 44, il y a .... fois 6 et il reste ....

4 Complète comme dans l'exemple.

Diviser 45 par 8 : *5 × 8 < 45 < 6 × 8.*
Donc 45 = 5 × 8 + 5.

40	41	42	43	44	**45**	46	47	*48*	49	50
5 × 8								*6 × 8*		

Diviser 40 par 6 : .... < 40 < .... donc 40 = ...

Diviser 38 par 5 : .... < 38 < .... donc 38 = ...

5 PROBLÈME Nino a cueilli 30 cerises et veut les mettre dans des barquettes.
Combien fait-il de barquettes, s'il met dans chaque barquette :

5 cerises ? ....

6 cerises ? ....

3 cerises ? ....

10 cerises ? ....

8 cerises ? ....

Indique s'il y a un reste.

86 Résoudre des problèmes de division

Manipulation
Guide p. 180

CALCUL MENTAL
Problèmes du type : « Tom plante 42 salades en rangées de 7 salades. Combien de rangées fait-il ? »

*
1 Agatha partage 28 cartes entre 7 joueurs.
Combien de cartes aura chaque joueur ?
Restera-t-il des cartes ?

2 joueurs partent. Agatha redistribue les 28 cartes aux 5 joueurs qui restent.
Combien de cartes auront-ils ? Combien de cartes ne seront pas distribuées ?

**
2 Archi a 32 perles. Il les groupe par 6 pour en faire des bracelets.
Combien de bracelets peut-il faire ?
Combien de perles restera-t-il ?

**
3 Le chocolatier range 125 chocolats par boîtes de 25 chocolats.
Combien de boîtes fera-t-il ?

**
4 La boulangère a préparé 1 500 g de sucre pour fabriquer 10 brioches.
Combien de grammes de sucre met-elle par brioche ?

***
5 Un éleveur doit transporter 70 œufs. Il les range dans des boîtes de 6 œufs.
Combien de boîtes seront nécessaires pour transporter tous les œufs ?

Compétence : Résoudre des problèmes de partage ou de groupement.

87 Mémoriser la table de multiplication par 8

Manipulation
Guide p. 182

CALCUL MENTAL
Énoncer des problèmes de groupement et de partage avec des unités de grandeur. → Faire écrire le résultat.

....

1 Lali et Nino visitent l'exposition du planétarium.
Combien y a-t-il de photographies d'étoiles ? Observe bien l'illustration pour répondre.

....

2 Calcule.

8 × 2 = ...	8 × 6 = ...
8 × 4 = ...	8 × 7 = ...
8 × 10 = ...	8 × 8 = ...
8 × 0 = ...	8 × 5 = ...

3 Complète.

10 × 8 = 80 → 11 × 8 = ...
14 × 8 = 112 → 15 × 8 = ...
20 × 8 = 160 → 19 × 8 = ...
25 × 8 = 200 → 27 × 8 = ...

Aide-toi du calcul de gauche pour faire le calcul de droite.

4 Réponds aux questions en expliquant ta réponse avec un calcul ou un schéma.
Le cuisinier d'une crêperie a besoin de lait pour préparer la pâte à crêpes.
Le lait est vendu par lots de 8 bouteilles.
Combien de lots doit-il prendre pour avoir :

16 bouteilles ?
....

48 bouteilles ?
....

64 bouteilles ?
....

5 PROBLÈME Une partie du plateau de jeu est cachée.
Combien y a-t-il en tout de cases blanches ?
Écris le calcul, puis réponds à la question.

....
....

Compétence : Mémoriser des faits numériques : tables de multiplication.

Je m'entraîne

CALCULER AVEC DES PAQUETS DE 10, 100, 1 000

*
1 Le directeur du centre aéré a besoin de 3 520 trombones.

Combien de cartons, de boîtes et de sachets de trombones doit-il acheter ?

3 520 = (… × 1 000) + (… × 100) + (… × 10)

……………………………………………………………

……………………………………………………………

……………………………………………………………

……………………………………………………………

DIVISER LES NOMBRES

*
2 **Utilise les résultats de ces multiplications pour compléter les divisions sans faire de calcul.**

12 × 48 = 576   12 × 24 = 288

13 × 8 = 104   7 × 24 = 168

168 : 7 = ………   104 : 8 = ………

288 : 12 = ………   576 : 48 = ………

*
3 **Complète les opérations à trous.**

24 = ……… × 6   17 = ……… × 5 + ………

12 = ……… × 4   22 = ……… × 10 + ………

27 = ……… × 3   27 = ……… × 6 + ………

**
4 **Calcule.**

18 : 6 = ………   12 : 2 = ………

25 : 5 = ………   15 : 3 = ………

16 : 4 = ………   27 : 9 = ………

**
5 **Complète comme dans l'exemple.**

Exemple : 4 × 3 < 14 < 5 × 3

……… × 2 < 15 < ……… × 2

……… × 5 < 28 < ……… × 5

……… × 4 < 19 < ……… × 4

……… × 10 < 46 < ……… × 10

……… × 9 < 30 < ……… × 9

CONNAÎTRE LA TABLE DE 8

*
6 **Complète.**

3 × 8 = ………   56 = ……… × 8

5 × 8 = ………   48 = ……… × 8

8 × 8 = ………   72 = ……… × 8

8 × 4 = ………   80 = ……… × 8

**
7 **Complète comme dans l'exemple.**

43 = 8 × 5 + 3   50 = 8 × …… + ……

46 = 8 × …… + ……   53 = 8 × …… + ……

41 = 8 × …… + ……   82 = 8 × …… + ……

44 = 8 × …… + ……   87 = 8 × …… + ……

UTILISER LE TABLEAU DE PYTHAGORE

*
8 **Complète les cases vides du tableau de Pythagore.**

×	3	5	6	8
4	……	……	……	……
6	……	……	……	……
8	……	……	……	……
9	……	……	……	……

MULTIPLIER PAR UN NOMBRE À 2 CHIFFRES (calcul posé)

*
9 **Calcule.**

			4	7	
×			2	5	
		…..	…..	…..	← 47 × ……………
		…..	…..	…..	← 47 × ……………
	…..	…..	…..	…..	

RÉSOUDRE DES PROBLÈMES DE DIVISION

*
10 a. Un jeu de 32 cartes est partagé en 8 paquets identiques.
Combien de cartes y a-t-il dans chaque paquet ?

……………………………………………………………

b. 5 enfants veulent se partager 35 bonbons.
Combien de bonbons chacun recevra-t-il ?

……………………………………………………………

c. Il y a 54 billes réparties dans 6 sacs.
Combien de billes y a-t-il dans chaque sac ?

……………………………………………………………

*
11 a. 48 œufs sont rangés dans des boîtes de 6 œufs.
Combien de boîtes faut-il pour ranger tous les œufs ?

……………………………………………………………

……………………………………………………………

b. 105 élèves sont répartis dans des bus pouvant accueillir 30 personnes.
Combien de bus faut-il pour accueillir tous les élèves ?

……………………………………………………………

……………………………………………………………

RECONNAÎTRE DES FIGURES PRÉSENTANT UN AXE DE SYMÉTRIE

**
12 **Entoure les figures qui présentent un ou plusieurs axes de symétrie.**
Trace les axes de symétrie en rouge.

COMPLÉTER UNE FIGURE PAR SYMÉTRIE

*
13 **Trace le symétrique de cette figure.**

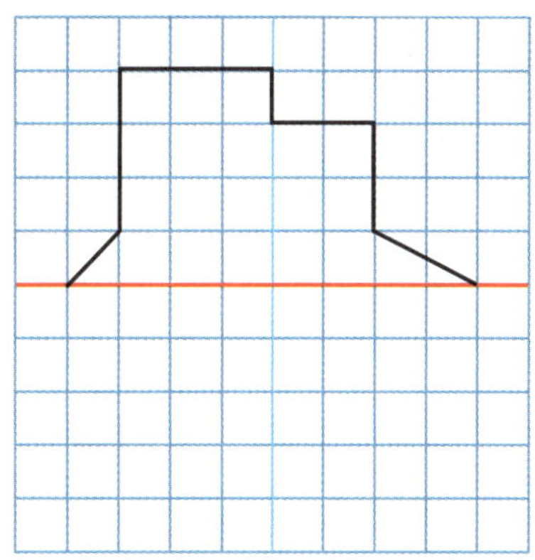

*
14 **Trace le symétrique de cette figure.**

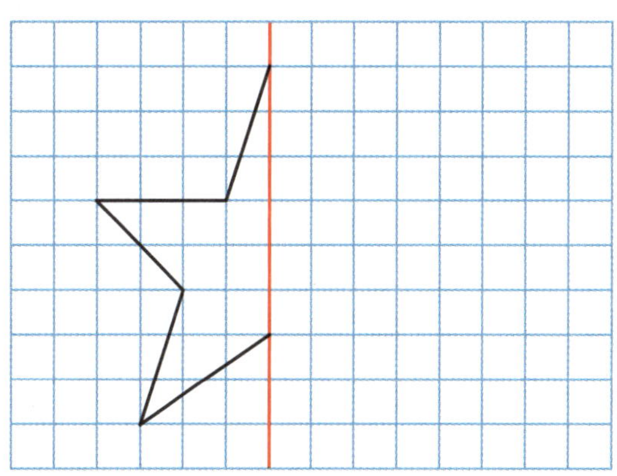

89 Fabriquer un cube à partir d'un patron

Manipulation
Guide p. 184

CALCUL MENTAL
Énoncer des calculs issus de la table de multiplication de 8.

....

1 Complète.

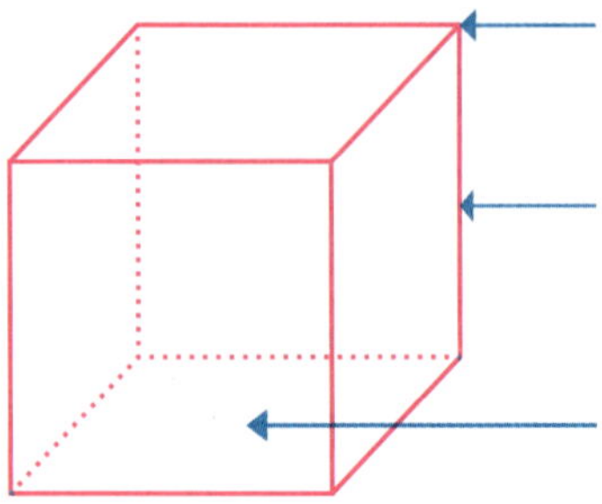

Complète le texte.

- Le cube a .... faces, ... sommets et .... arêtes.
- Les faces du cube sont des .... qui sont de même dimension.

2 Deux faces du cube ont été coloriées.
Colorie les autres faces avec quatre couleurs différentes.

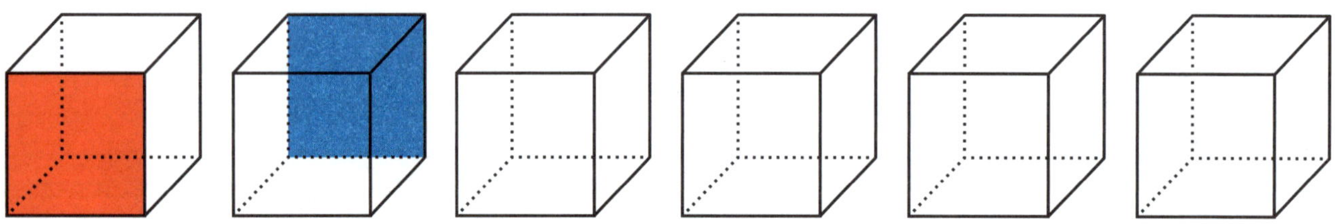

3 Entoure l'assemblage qui est un patron du cube.

4 Ces carrés appartiennent à 3 patrons de cube différents. **Colorie d'une même couleur les faces d'un même patron de cube.**

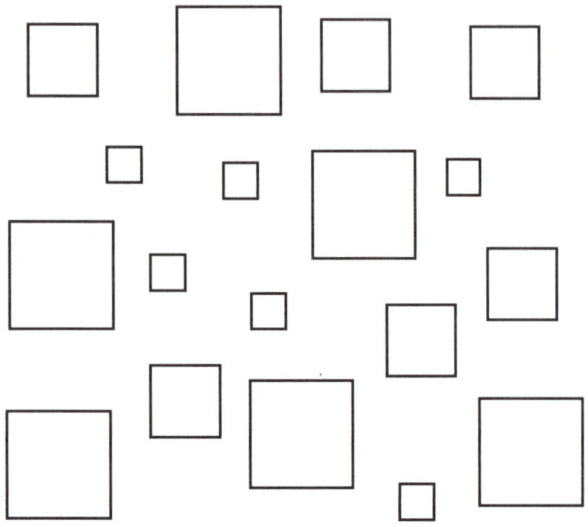

5 PROBLÈME Trace les bandes de couleur sur le patron pour représenter le même cube que Lali.

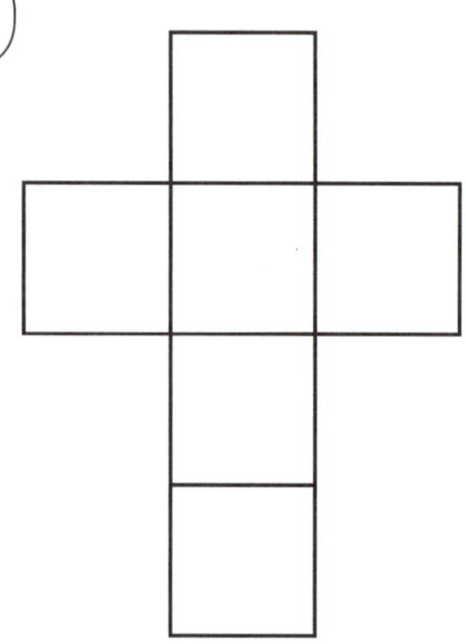

Compétence : Fabriquer un cube à partir d'un patron fourni.

90 Décrire et nommer quelques solides de l'espace

Manipulation
Guide p. 186

CALCUL MENTAL
Énoncer des calculs de type :
4 × 8 ou 5 × 6.

....

1 Ces photos représentent des solides. **Entoure les solides qui ont toutes leurs faces planes.**

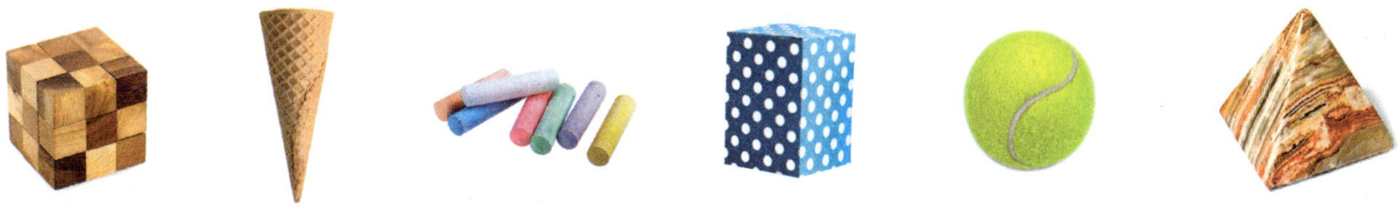

2 **Relie ces représentations de solides à leur nom.**

cylindre — pavé droit — cône — cube — boule — pyramide

3 **Colorie de la même couleur les noms de solides et leur description.**

boule | cône | pyramide | pavé droit | cube | cylindre

Je n'ai qu'une seule face. | Je n'ai que deux faces. | Je possède deux disques et une face courbe.

Mes faces sont quatre triangles. | J'ai six faces carrées. | Toutes mes faces sont des rectangles.

4 **Complète le tableau.**

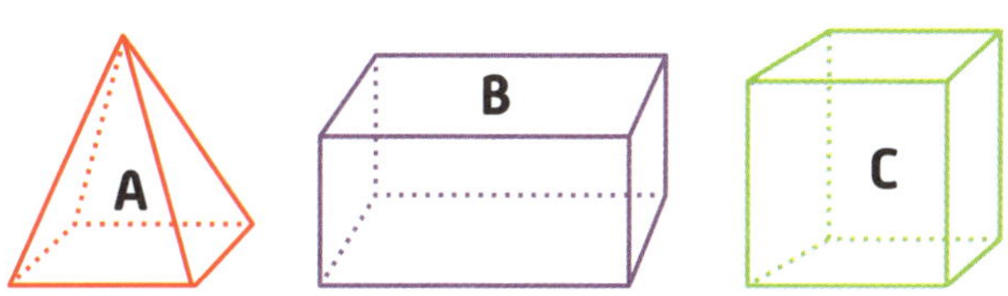

	A	B	C
Nombre de faces	....	....	....
Nombre d'arêtes	....	....	....
Nombre de sommets	....	....	....

5 **PROBLÈME** **Quels solides composent la construction ? Indique leur nom et leur nombre.**

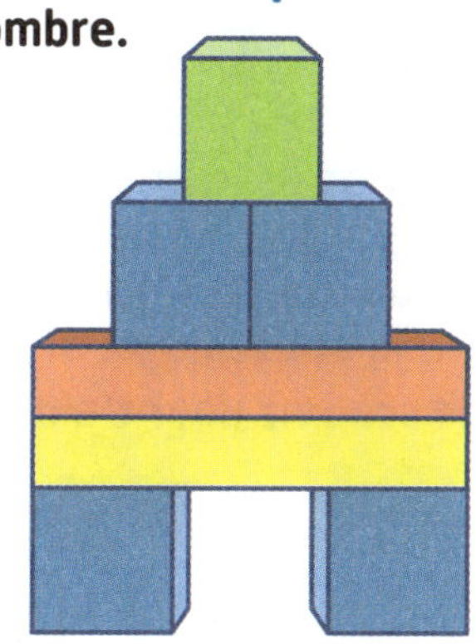

....

....

....

91 Résoudre des problèmes de comparaison multiplicative (1)

Manipulation
Guide p. 188

CALCUL MENTAL
Énoncer des calculs issus des tables de multiplication de 6, 7, 8 et 9.

....	....	....	....	....

* **1** Chez le fleuriste, il y a 3 cactus roses très rares. Il y a 6 fois plus de cactus en forme d'étoile.
Combien de cactus en forme d'étoile y a-t-il ?
Observe le schéma pour t'aider à répondre.

Cactus roses	3					
Cactus étoile	?					
	3	3	3	3	3	3

....

....

* **2** Lali est dans une serre. Il y a 21 lianes et 10 fois plus de fougères.
Combien de fougères y a-t-il ?
Complète le schéma pour t'aider à répondre.

Lianes	21									
Fougères	....									
	21	21	21	21	21	21	21	21	21	21

....

....

* **3** Archi et Nino admirent une vitrine dans laquelle il y a 20 fossiles et 5 fois plus de coquillages.
Combien de coquillages y a-t-il ?
Complète le schéma pour t'aider à répondre.

20				
....				
....	....	....	....	....

....

....

** **4** Un producteur de jus de pomme vend des bouteilles de 150 cL et des bouteilles de 50 cL.
La contenance d'une bouteille de 150 cL est combien de fois plus grande que celle d'une bouteille de 50 cL ?
Continue le schéma pour t'aider à répondre.

50

....

....

Compétence : Résoudre des problèmes relevant de structures multiplicatives.

92 Estimer un calcul

Manipulation
Guide p. 190

CALCUL MENTAL
Énoncer des phrases du type :
« J'en ai 6, j'en veux 3 fois plus. »
→ Faire écrire le résultat.

....

1 Archi compte le nombre d'étoiles sur une photographie. Il a tracé 4 zones et a compté le nombre d'étoiles dans chaque zone.
Complète avec une valeur approchée du nombre d'étoiles de chaque zone.

Zone 1 : 69 → .... Zone 3 : 37 → ....
Zone 2 : 51 → .... Zone 4 : 62 → ....

Combien d'étoiles y a-t-il environ sur cette photographie ?

Entoure la bonne réponse. 180 200 220 240 260 280

2 Cinq frères ont chacun 31 € 50 c.
Ont-ils assez d'argent pour acheter ensemble un télescope à 150 € ?
Écris le calcul à effectuer pour trouver une valeur approchée et réponds.

....

....

3 M. Mulot a 150 € et souhaite acheter ce matériel de camping :

A-t-il assez d'argent pour faire ces achats ?
Écris le calcul à effectuer pour trouver une valeur approchée et réponds.

....

....

4 PROBLÈME L'ascenseur peut contenir 400 kg.
Archi peut-il entrer ? Justifie ton choix en écrivant un calcul approché.

....

....

Compétence : Vérifier la vraisemblance d'un résultat en estimant son ordre de grandeur.

93 Exprimer des durées (h, min, s)

CALCUL MENTAL
Énoncer des nombres à arrondir à la dizaine ou à la centaine la plus proche.

....

Manipulation
Guide p. 192

1 Les enfants participent à un atelier de fabrication de lunes en papier. Voici le temps mis par chacun pour réaliser une lune.
Complète le tableau et range les temps du plus court au plus long.

Nom	Temps en min et s	Temps en s
Archi	1 min 44 s	....
Agatha	....	107 s
Nino	....	105 s
Lali	1 min 46 s	....

....

2 **Colorie la durée possible.**

un film	un match de foot	une chanson	un feu rouge
68 s / 128 min	1 h 30 min / 1 min 20 s	3 min 20 s / 12 s	30 s / 15 min

3 **Complète comme dans l'exemple.**

Exemple : 130 min = 60 min + 60 min + 10 min = 2 h 10 min

60 min = ... h
120 min = ... = ... h
69 min = ... = ... h .... min
150 min = ... = ... h .... min

4 **Complète comme dans l'exemple.**

Exemple : 68 s = 60 s + 8 s = 1 min 8 s

60 s = ... min
120 s = ... = ... min
123 s = ... = ... min .... s
86 s = ... = ... min .... s

5 **Complète.**

1 h = ... min
1 h 40 min = ... min
3 h 47 min = ... min
1 min = ... s
4 min 30 s = ... s

6 PROBLÈME En nageant, Nathalie a mis 38 s au dos crawlé, 37 s au papillon, 40 s à la brasse et 35 s au crawl.
Combien de temps a-t-elle mis en tout ?
Écris le résultat en secondes, puis en minutes et secondes.

....

....

Compétence : Utiliser les relations entre les unités de durées.

94 Calculer des durées

CALCUL MENTAL
Écrire au tableau des durées
du type : *1 min 12 s, 2 min 30 s.*
→ Les faire exprimer en secondes.

....

Manipulation
Guide p. 194

1 Lali et Nino vont à la piscine. Voici les heures d'arrivée et de départ de chacun.
Calcule le temps que chacun a passé à la piscine.

10 h 15 min — 13 h

9 h 45 min — 12 h

Lali : ....

Nino : ....

2 **PROBLÈME** Abel joue à un jeu vidéo. Voici les temps qu'il a mis pour passer les niveaux.

Niveau 1	1 min 29 s
Niveau 2	1 min 41 s
Niveau 3	2 min 30 s

Calcule le temps qu'il a mis pour passer les trois niveaux.

....

A-t-il battu le record de 5 min 13 s ? ....

3 **Complète.**

Départ à 10 h 20 min.
Durée du trajet : 1 h 30 min.
Arrivée à ....

Départ à 18 h 22 min.
Durée du trajet : ....
Arrivée à 19 h 07 min.

Départ à ....
Durée du trajet : 60 min.
Arrivée à 9 h 46 min.

95 Mémoriser la table de multiplication par 7

Manipulation
Guide p. 196

CALCUL MENTAL
Énoncer des phrases du type :
« Combien de temps sépare
9 h 35 min et 9 h 40 min ? ».

....

1 Lali aimerait offrir un souvenir à ses 3 amis. Elle a 30 € en poche.
Observe bien l'illustration et invente une question mathématique.
Il faudra faire une multiplication pour trouver la réponse.

Écris la question de ton choix :

....
....
....
....
....

Écris ton calcul et la réponse :

....
....
....
....
....

2 **Calcule.**

7 × 2 = ...
7 × 5 = ...
7 × 9 = ...
7 × 3 = ...

7 × 6 = ...
7 × 7 = ...
7 × 8 = ...
7 × 4 = ...

3 **Complète.**

10 × 7 = 70 → 11 × 7 = ...
14 × 7 = 98 → 15 × 7 = ...
20 × 7 = 140 → 19 × 7 = ...
25 × 7 = 175 → 27 × 7 = ...

4 Nino compte les jours qu'il reste avant son anniversaire.
Complète le tableau pour l'aider à compter.

10 jours	1 semaine et 3 jours
20 jours	.... semaine(s) et .... jour(s)
30 jours	.... semaine(s) et .... jour(s)
40 jours	.... semaine(s) et .... jour(s)
50 jours	.... semaine(s) et .... jour(s)

5 **PROBLÈME** Un fermier ramasse 6 œufs tous les jours.
Combien d'œufs ramasse-t-il en 2 semaines ?

....
....

Combien d'œufs ramasse-t-il en 5 semaines ?

....
....

Compétence : Mémoriser des faits numériques : tables de multiplication.

96 Poser la multiplication par un nombre à 2 chiffres (2)

Manipulation
Guide p. 198

CALCUL MENTAL
Énoncer des calculs issus de la table de multiplication de 7.

....

1 Un directeur d'école décide de renouveler le mobilier pour ses 145 élèves.
Il achète pour chaque élève une chaise qui coûte 37 € l'unité.
Combien cela va-t-il coûter ?
Complète l'opération posée pour t'aider.

....
....
....

		.....	.....	.....	
×		.....	.....		
.....	.....	.....	.....	←	145 × 7
.....	.....	.....	.....	←	145 × 30
.....	.....	.....	.....		

2 **Calcule.**

	1	3	6		
×		2	8		
	.....	.....	.....	←	136 × 8
.....	.....	.....	.....	←	136 × 20
.....	.....	.....	.....		

	2	0	7		
×		3	9		
.....	.....	.....	.....	←	207 × 9
.....	.....	.....	.....	←	207 × 30
.....	.....	.....	.....		

3 **Calcule.**

	1	0	6
×		7	5

	1	7	0
×		5	8

4 **Pose et calcule.**

437 × 29

109 × 62

5 PROBLÈME Une illustratrice commande :
- 79 pochettes de 38 feutres ;
- 154 boîtes de 47 gommes.

Combien de feutres et de gommes a-t-elle commandés ?

....
....
....

97 Je m'entraîne

ESTIMER UN CALCUL

1 * **Calcule une valeur approchée et entoure les 2 sommes dont le résultat est supérieur à 1 000.**

185 + 144 + 241 + 167 + 103 = ...

325 + 415 + 341 = ...

372 + 521 + 187 + 124 = ...

240 + 325 + 312 + 102 = ...

2 ** **Calcule une valeur approchée puis entoure la bonne réponse.**

47 + 48 + 48 + 22 = ...

115 125 165 205

199 + 397 + 189 = ...

685 785 885 985

448 + 51 + 69 = ...

528 568 628 668

3 ** **Calcule une valeur approchée puis entoure la bonne réponse.**

9 × 29 = ...

81 261 581

6 × 297 = ...

982 1 252 1 782

MULTIPLIER PAR UN NOMBRE À 2 CHIFFRES (calcul posé)

4 * **Calcule.**

		8	8	
×		5	3	
	.....	.....	.....	← 88 × ....
.....	.....	.....	.....	← 88 × ....
.....	.....	.....	.....	

5 * **Calcule.**

		4	0	6	
×			3	7	
	.....	.....	.....	.....	← 406 × ....
.....	.....	.....	.....	.....	← 406 × ....
.....	.....	.....	.....	.....	

6 ** **Pose et effectue ces opérations.**

35 × 15 384 × 23 406 × 24

719 × 7

EXPRIMER DES DURÉES (h, min, s)

7 ** **À chaque fois, colorie en vert la durée la plus courte et en rouge la plus longue.**

a. 1 min 23 s 123 s 1 min 53 s

b. 3 min 200 s 150 s

c. 65 min 1 h 30 min 1 h 3 min

d. 120 min 1 h 59 min 150 min

8 **Entoure** de la même couleur les horloges et les étiquettes qui indiquent la même heure.

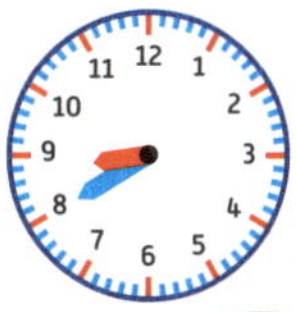

une heure et quart

dix heures moins le quart

neuf heures moins vingt

dix heures moins cinq

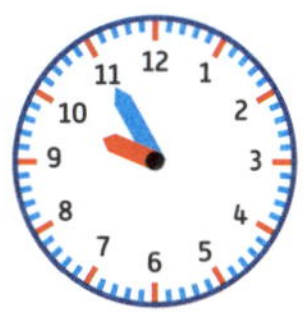

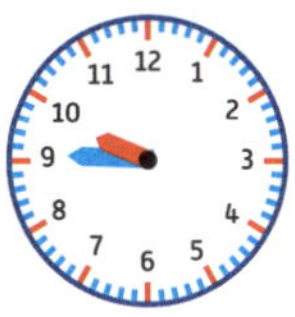

deux heures et demie

9 **Relie** les étiquettes.

68 s ●	● 2 min 8 s
368 s ●	● 1 min 28 s
88 s ●	● 6 min 8 s
128 s ●	● 3 min 8 s
188 s ●	● 1 min 8 s

RÉSOUDRE DES PROBLÈMES DE COMPARAISON MULTIPLICATIVE

Cherche dans ton cahier de brouillon.

10 Archi a planté un arbre de 40 cm de hauteur. Lali a planté un arbre 4 fois plus grand.
Quelle est la taille de l'arbre de Lali ?

....

11 Nino a planté un arbre de 1 m et 50 cm. Celui d'Agatha est 5 fois plus petit.
Quelle est la taille de l'arbre d'Agatha ?

....

RECONNAÎTRE, DÉCRIRE, COMPARER DES SOLIDES

12 **Barre** les assemblages qui ne sont pas des patrons de cube.

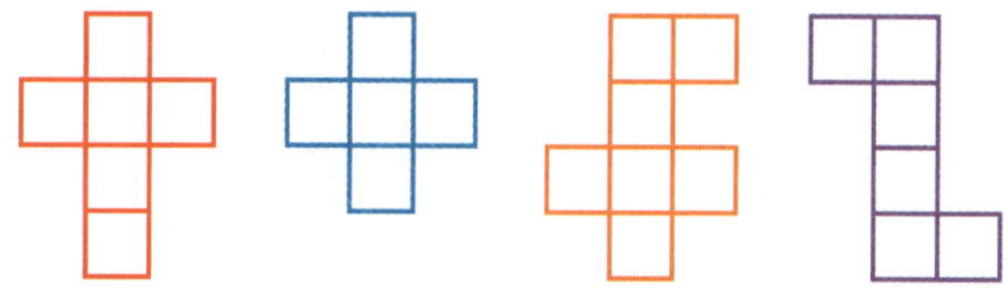

13 **Complète** le tableau.

Solide	Nombre de faces	Nombre d'arêtes	Nombre de sommets
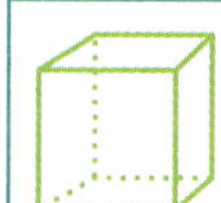	....	....	....
	....	....	....
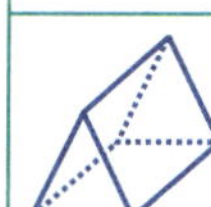	....	....	....

14 **Observe** cette maquette de maison.

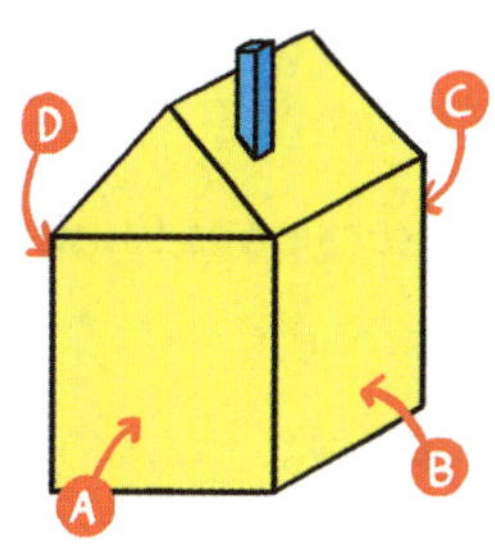

Sur chaque façade, **écris** la lettre de l'endroit où il faut se placer pour la voir.

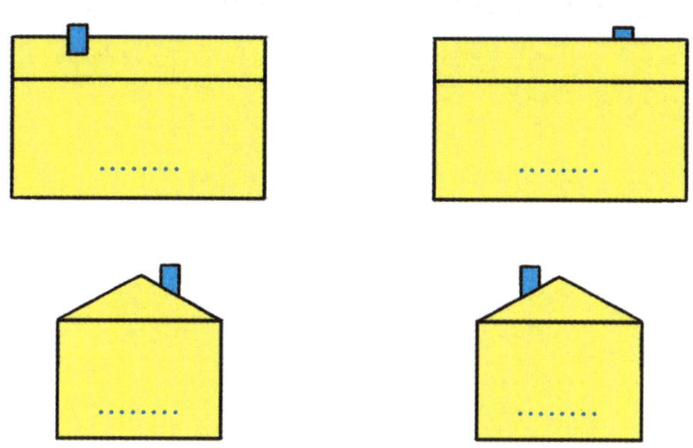

98 Mesurer des longueurs (m, dm, cm)

Manipulation
Guide p. 200

CALCUL MENTAL
Énoncer des calculs du type :
8 × 80 ou 6 × 600.

.... | .... | .... | .... | ....

1 Quelle est la taille de Lali ?
Écris cette longueur de 3 manières différentes.

Lali mesure .... m .... dm .... cm.
Lali mesure .... m .... cm.
Lali mesure .... cm.

2 Trace un segment de 1 dm et 5 cm.

3 Écris les unités manquantes.

La hauteur d'un arbre : 4 .... | La longueur d'une règle : 3 .... | La longueur d'une clé : 6 ....

4 Convertis en cm.

5 dm = ... cm
2 m = ... cm
12 dm = ... cm
6 m = ... cm

5 Convertis en dm.

6 m = ... dm
30 cm = ... dm
12 m = ... dm
120 m = ... dm

6 Convertis en m.

40 dm = ... m
400 cm = ... m
100 dm = ... m
600 cm = ... m

7 Écris les longueurs dans l'unité demandée.

1 m + 4 dm = ... dm
1 m + 2 dm + 3 cm = ... cm
1 m + 5 cm = ... cm

145 cm = ... m + ... dm + ... cm
42 dm = ... m + ... dm
114 cm = ... dm + ... cm

8 PROBLÈME Cette voiture peut-elle s'engager dans le tunnel ? Écris ton calcul puis réponds.

....
....

Compétence : Comparer, estimer, mesurer des longueurs et exprimer une mesure dans une ou plusieurs unités.

99 Mesurer des longueurs (m, cm, mm)

Manipulation
Guide p. 202

CALCUL MENTAL
Énoncer des calculs du type :
34 cm + 21 cm, 25 m – 11 m.

....

1 **Mesure** précisément les segments ci-dessous et **complète.**

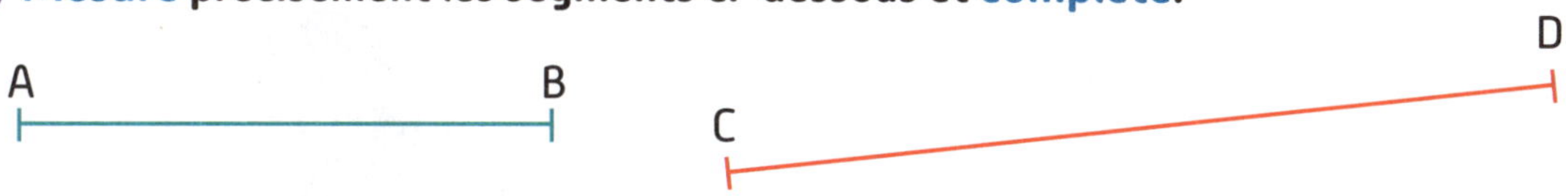

AB = ... cm = ... mm

CD = ... cm .... mm = ... mm

2 **Trace** les deux segments suivants. EF = 6 cm 5 mm GH = 4 cm 2 mm

3 **Convertis** en mm.

1 cm = ... mm
5 cm = ... mm
50 cm = ... mm
3 m = ... mm

4 **Convertis** en cm.

1 m = ... cm
2 m = ... cm
40 mm = ... cm
340 mm = ... cm

5 **Convertis** dans l'unité demandée.

7 cm 4 mm = ... mm
11 cm 6 mm = ... mm
47 mm = ... cm .... mm

6 **Convertis** dans l'unité demandée.

1 m 55 cm = ... cm
4 m 50 cm = ... cm
180 cm = ... m .... cm

7 **Écris** les unités manquantes.

La hauteur d'une maison : 6 ......
La longueur d'une fourmi : 4 ....
La longueur d'un stylo : 14 ....

8 **PROBLÈME** Le crayon de papier de Lali ne mesure plus que 6 cm 7 mm.
Il était long de 10 cm lorsqu'il était neuf.
De quelle longueur a-t-il été réduit à force d'être taillé ?

....
....

9 **PROBLÈME** **Combien de morceaux de 1 m de longueur Archi pourra-t-il découper dans cette planche ?**

....
....

100 Résoudre des problèmes de longueur

Manipulation
Guide p. 204

CALCUL MENTAL
« Un terrain a pour longueur 120 m et pour largeur 80 m. Quelle distance parcourt-on quand on en fait le tour ? »

....

* **1** Lali a commencé une marche de 7 km.
Elle a déjà parcouru 3 km 600 m.
Quelle distance lui reste-t-il à parcourir ?

....
....
....

* **2** Nino participe à une chasse au trésor autour d'un étang. Il se demande quel est le chemin le plus court pour retourner au départ.
Doit-il faire demi-tour ou doit-il terminer de faire le tour de l'étang ?

....
....
....

** **3** Ruben veut connaître la distance entre son lit et son armoire pour choisir une table de nuit adaptée.
Quelle est la distance entre son lit et son armoire ?

....
....
....

** **4** **Calcule la longueur du côté du carré.**

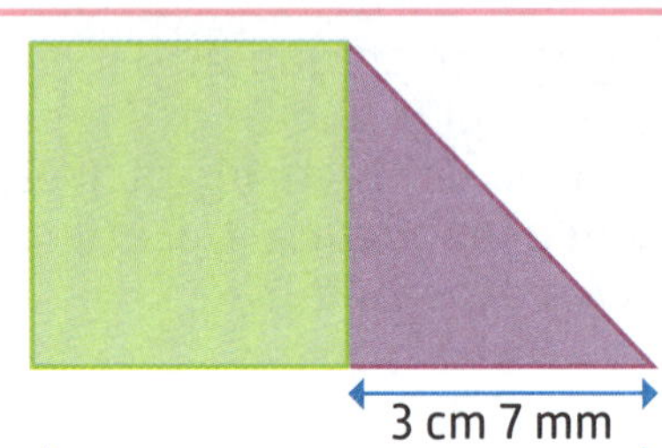

....

** **5** Zoé mesure 1 m 55 cm. Elle mesure 30 cm de plus que son frère.
Combien de centimètres son frère mesure-t-il ?

....

Compétence : Résoudre des problèmes impliquant des longueurs.

101 Réviser les tables (1)

Manipulation
Guide p. 206

CALCUL MENTAL
« Agatha court sur une piste de 400 m de longueur. Elle a fait 3 tours de piste. Quelle longueur a-t-elle parcourue ? »

....

1 Nino observe les étoiles de chaque constellation et il compte :
- 3 constellations de 6 étoiles ;
- 9 constellations de 7 étoiles ;
- 5 constellations de 8 étoiles ;

Combien y a-t-il d'étoiles sur cette affiche ?

....

2 Calcule.

4 × 7 = ...	7 × 5 = ...
3 × 8 = ...	9 × 9 = ...
4 × 6 = ...	4 × 8 = ...
3 × 9 = ...	6 × 9 = ...
4 × 5 = ...	3 × 7 = ...

3 Écris les calculs correspondant au nombre de chocolats contenus dans la boîte.
Puis calcule.

....
....
....

4 Complète.

35 = 7 ×	18 = ... ×	25 = ... × ....
36 = ... ×	63 = ... ×	72 = ... × ....

5 PROBLÈME Dans un restaurant, il y a 7 tables de 4 personnes et 8 tables de 5 personnes. Toutes les places sont occupées à l'exception de 2 tables de 5 personnes qui sont encore libres.
Combien de clients sont présents dans ce restaurant ?

....

6 PROBLÈME Lali lance 3 dés numérotés de 1 à 6. En multipliant les 3 nombres obtenus, elle trouve 54.
Quels sont les 3 nombres qu'elle a obtenus ?

....
....

Compétence : Mémoriser des faits numériques : tables de multiplication.

102 Partager en demi et en quart

Manipulation
Guide p. 208

CALCUL MENTAL
Énoncer des calculs issus de toutes les tables de multiplication.

....

1 Lali et Nino ont construit un mur avec des planchettes en bois.
Ils aimeraient peindre la moitié en rouge et l'autre moitié en vert.
Colorie la moitié de ce mur en vert et l'autre moitié en rouge.

2 Un jardinier souhaite répartir 2 sacs de terreau dans 4 carrés de potager.
Quelle quantité versera-t-il dans chaque carré de potager ? Entoure la bonne réponse.

1 quart de sac — 1 sac
1 moitié de sac — 2 sacs

2			

3 En se promenant à la plage, Agatha trouve 12 coquillages. Elle en met la moitié dans un seau et le quart dans sa poche. Elle décide d'offrir le reste à Archi.
Combien de coquillages lui offrira-t-elle ?

12		

....
....

4 Lali a mis des billes dans un sac pour les donner à ses amis.
Elle en donne le quart à Nino et le quart à Agatha. Il lui reste encore 8 billes à offrir.
Combien de billes y avait-il dans son sac ?

		8

....
....

Compétence : Résoudre des problèmes de partage (quart et demi).

Apprendre à chercher

103 Utiliser les 4 opérations

Manipulation
Guide p. 210

CALCUL MENTAL
Énoncer différents calculs du type :
un demi de 24 ; un demi de 60, etc.

....

* **1** **Représente chaque situation avec un schéma.**
Entoure l'opération qui correspond à chaque situation.

a. Pendant la récréation, Nino a gagné 47 billes.
Il en a maintenant 113.
Combien de billes Nino avait-il avant d'arriver à l'école ?

47 + 113	47 – 113
47 × 113	47 : 113
113 – 47	113 : 47

b. Driss a perdu 48 cartes. Jia en a perdu 19 de plus. **Combien de cartes Jia a-t-elle perdues ?**

48 + 19	48 – 19
48 × 19	48 : 19
19 – 48	19 : 48

c. 3 amis font un relais de 1 830 mètres.
Ils courent tous les 3 la même distance.
Quelle distance chacun va-t-il courir ?

1 830 + 3	1 830 – 3
1 830 × 3	1 830 : 3
3 – 1 830	3 : 1 830

** **2** **Écris les opérations à effectuer et fais les calculs pour chaque problème.**

a. Il y a 24 pruneaux dans un sachet et chaque pruneau pèse 25 g.
Quelle est la masse totale du sachet ?

....

b. Titouan, Kenza, Dorian et Ninon ont trouvé 36 coquillages.
Chacun en prend autant.
Combien de coquillages chacun a-t-il ?

....

*** **3** Archi, Agatha, Lali, Nino et deux amis font des biscuits.
Archi en fait 12, Agatha en fait 7.
Lali en fait 8, Nino en fait 8.
Les deux amis en font 7 et 6.
Chacun veut en manger autant.
Combien de biscuits chacun aura-t-il ?

....

Compétence : Connaître le sens des signes +, –, × et :.

RÉVISER LES TABLES

* **1 Calcule.**

7 × 3 = ………	4 × 8 = ………	5 × 9 = ………
6 × 8 = ………	3 × 9 = ………	2 × 7 = ………
9 × 6 = ………	8 × 7 = ………	7 × 7 = ………
8 × 8 = ………	5 × 7 = ………	6 × 4 = ………
4 × 5 = ………	2 × 9 = ………	3 × 8 = ………

PARTAGER EN DEMI ET EN QUART

* **2** Dans un aquarium, il y a 28 poissons. La moitié de ces poissons sont rouges. **Combien y a-t-il de poissons rouges ?**

……………………………………………………………

……………………………………………………………

* **3** Un quart des 100 élèves de l'école porte des lunettes. **Combien d'élèves portent des lunettes ?**

……………………………………………………………

……………………………………………………………

** **4** Archi a 80 cartes. Il en donne le quart à Nino puis il donne la moitié de celles qui lui restent à Lali. **Combien Archi a-t-il donné de cartes à Nino ? à Lali ? Combien lui en reste-t-il ?**

80		
………	………	………

……………………………………………………………

……………………………………………………………

……………………………………………………………

UTILISER LES 4 OPÉRATIONS

* **5 Colorie l'opération qui convient pour résoudre chaque problème.**

Léane avait 6 jetons et Agnès lui en a donné 9. **Combien Léane a-t-elle de jetons maintenant ?**

Addition	Soustraction
Multiplication	Division

Amir a acheté 3 paquets de 5 images. **Combien d'images a-t-il achetées ?**

Addition	Soustraction
Multiplication	Division

Jeanne a cueilli 45 fleurs et elle fait des bouquets de 9 fleurs. **Combien de bouquets fait-elle ?**

Addition	Soustraction
Multiplication	Division

Jeanne a cueilli 45 fleurs et elle fait 5 bouquets. **Combien de fleurs met-elle par bouquet ?**

Addition	Soustraction
Multiplication	Division

MESURER DES LONGUEURS (m, dm, cm, mm)

* **6 Complète avec > ou <.**

2 m 50 cm ….. 205 cm	12 dm ….. 12 m
3 m ….. 30 cm	140 cm ….. 41 dm

** **7 Convertis dans l'unité demandée.**

80 cm = ……………… dm

90 cm = ……………… mm

4 m 50 cm = ………… cm

6 cm 2 mm = ……… mm

7 m 5 cm = ………… mm

2 dm 6 cm = ……… mm

MESURER DES LONGUEURS (m, cm, mm)

8 * **Qui a couru le plus loin ?**
Complète le tableau.

- Paul a couru trois fois plus de distance que Léon.
- Manon a couru la moitié de la distance parcourue par Yasmine.
- Léon est celui qui a parcouru la distance la plus courte.
- Marceau a couru la plus longue distance.

....	300 m
....	750 m
....	800 m
....	600 m
....	250 m

RÉSOUDRE DES PROBLÈMES

9 * Archi mange 158 pistaches. Puis, il mange les 12 dernières pistaches du paquet.
Combien a-t-il mangé de pistaches ?

....

....

10 * Pour la sortie scolaire, la directrice de l'école a payé 490 € pour le trajet en car. Elle paie aussi 220 € pour l'entrée au musée.
Quel est le coût total de cette sortie ?

....

....

RÉSOUDRE DES PROBLÈMES DE LONGUEUR

11 ** Arnault mesure 154 cm.
Son papa mesure 27 cm de plus.
Quelle est la taille du papa d'Arnault ?

....

....

12 ** **a.** Une libellule est 5 fois plus grande qu'une abeille.
Quelle est la taille d'une libellule ?

....

....

....

b. Une fourmi noire est 3 fois plus petite qu'une abeille.
Quelle est la taille d'une fourmi noire ?

....

....

....

13 ** **Combien de boîtes de la longueur de la boîte rouge peut-on ranger sur cette étagère ?**

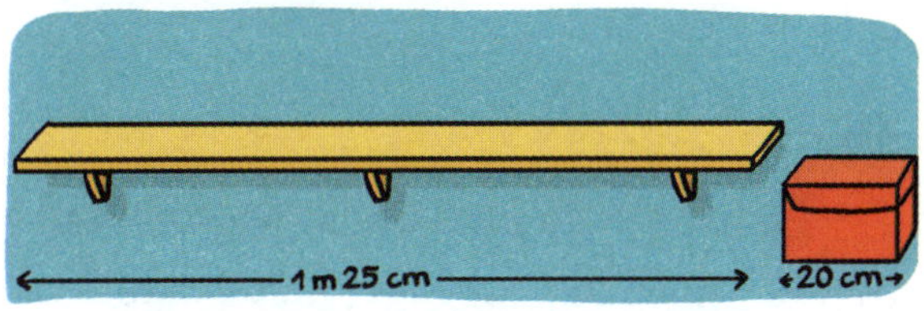

....

....

....

....

14 ** En courant, Gabin a fait 10 fois le tour du parc qui mesure 245 m.
Il a prévu de courir 3 km.
Quelle distance doit-il encore parcourir ?

....

....

....

15 ** Pour fabriquer un rideau, la couturière a besoin de 700 cm de tissu. Elle découpe deux morceaux de tissu, un morceau rouge de 56 dm et un morceau orange de 435 cm.
Aura-t-elle assez de tissu ?

....

....

....

105 BILAN

séances 80 à 104

1

Connaître les tables de multiplication.

Entoure les nombres qui sont des résultats de la table de 7, souligne ceux qui sont des résultats de la table de 8.

36 42 63 56 72 35 65 49 64 54 32 12

2

Mettre en œuvre un algorithme de calcul posé pour la multiplication.

Pose et calcule.

213 × 36

407 × 15

178 × 29

3

Partager en demi et en quart.

Archi a trouvé 24 chocolats de Pâques.
Lali en a trouvé le quart d'Archi
et Nino en a trouvé le double de Lali.

Combien de chocolats Lali a-t-elle trouvés ?

....

Combien de chocolats Nino a-t-il trouvés ?

....

Barre ce qui ne convient pas :

Nino a trouvé (deux fois plus) / (deux fois moins) de chocolats qu'Archi.

4

Compléter une figure par symétrie.

Trace le symétrique de ces figures.

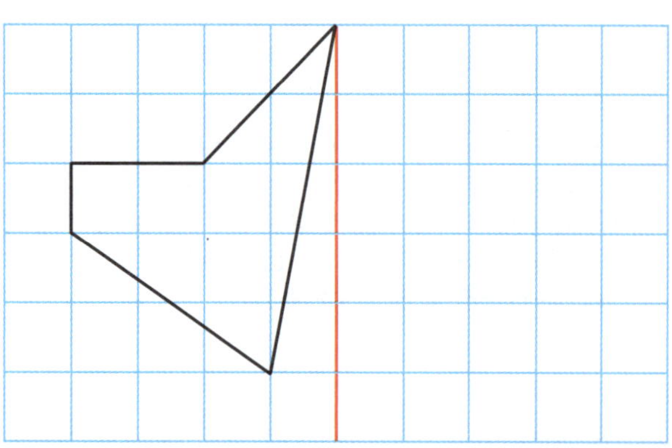

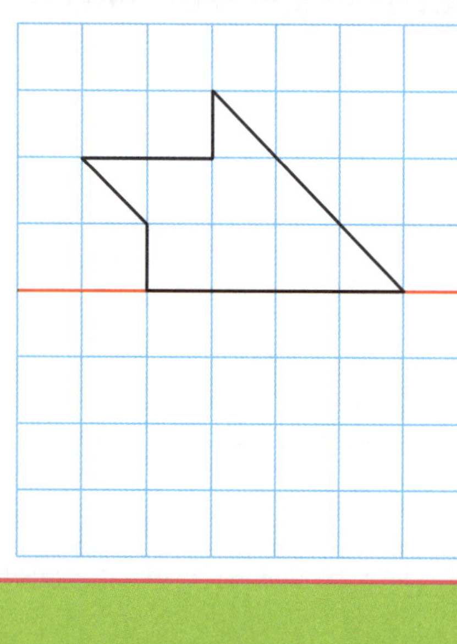

5

Utiliser diverses représentations des solides.

Entoure les patrons permettant de construire un cube.

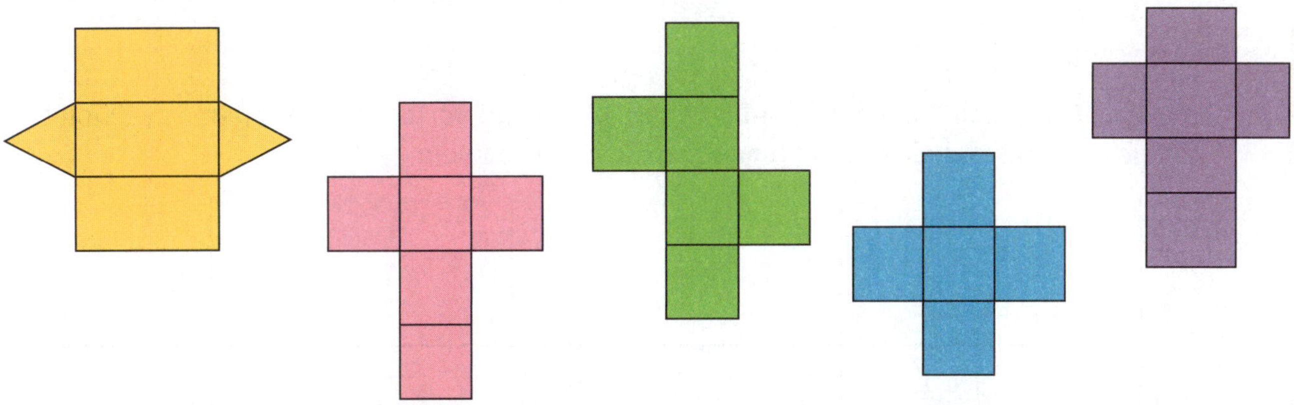

6

Nommer des solides.

Colorie de la même couleur le solide et son nom.

boule | cylindre | cône | cube | pavé droit | pyramide

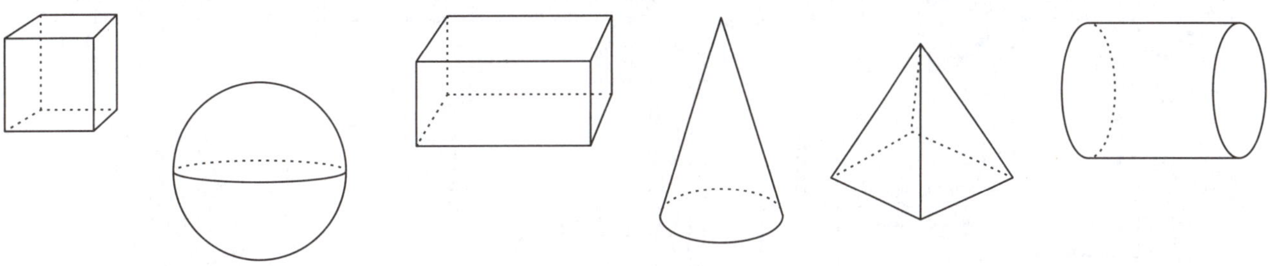

7

Établir des relations entre les unités usuelles de durée.

Complète.

1 h = ... min

2 h 18 = ... min

3 h 06 = ... min

65 min = ... h .... min

100 min = ... h .... min

132 min = ... h .... min

1 min = ... s

3 min 15 s = ... s

8 min 26 s = ...s

83 s = ... min .... s

156 s = ... min .... s

200 s = ... min .... s

8

Établir des relations entre les unités usuelles de longueur.

Une poupée est placée sur une chaise à 80 cm du sol. Arthur mesure 1 m 10 cm. Quand Arthur est debout, il est de la même hauteur que la poupée qui est sur la chaise.

Quelle est la taille de la poupée ?

....

....

....

....

Bagages mystères

Agatha, Archi, Lali, Nino et Léa ont 5 valises : 1 bleue, 1 verte, 1 rouge, 1 jaune et 1 violette.
Colorie la valise de chaque personnage de la bonne couleur.

Multiplications

À l'intersection de deux cercles, les nombres inclus dans ces deux cercles sont multipliés.
Complète.

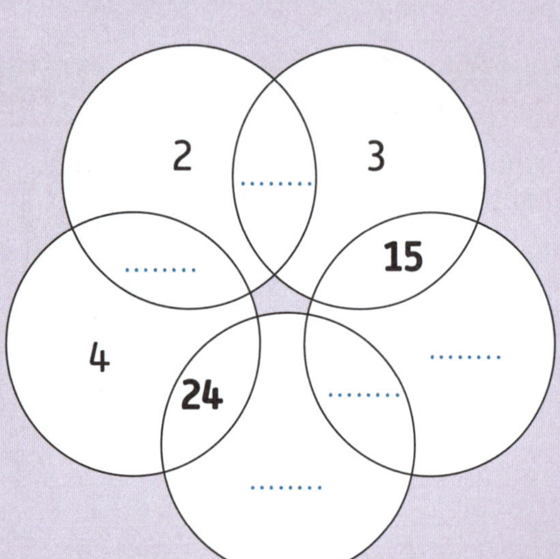

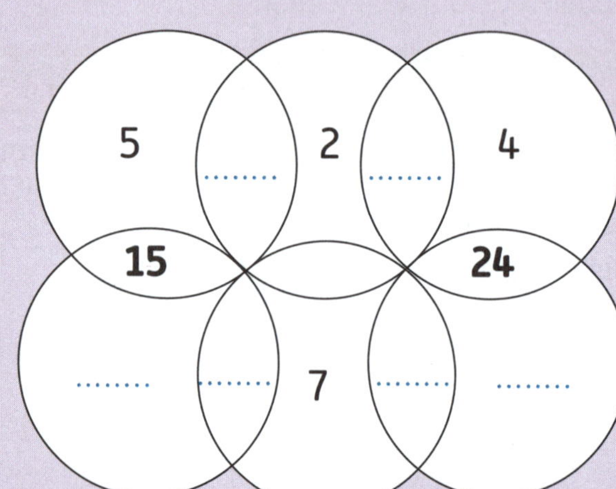

Message secret

Pour trouver le message secret, range les nombres dans l'ordre croissant et écris dans le même ordre les lettres correspondantes.

(8 × 90) + 10 **S**	(5 + 15) × 10 **O**	(100 2) + 23 **N**		
(7 × 7) + 300 **N**	(20 × 5) + 1 **M**	(25 × 2) + 3 **A**	(3 + 12) × 10 **S**	
(11 × 10) + 1 **U**	(330 × 2) – 10 **U**	(100 – 9) × 5 **O**	(40 – 8) × 8 **S**	(8 × 25) + 101 **-**

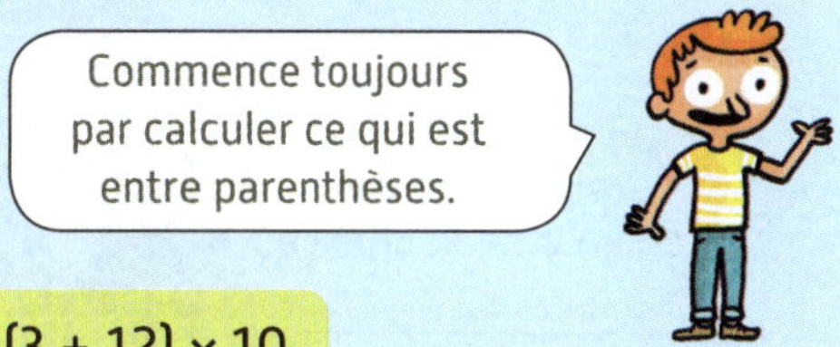

....

Les solides

Combien y a-t-il de cubes dans chaque figure ?

.... cubes

.... cubes

.... cubes

Entoure en **bleu** la façade vue par Archi.
Entoure en **vert** la façade vue par Lali.

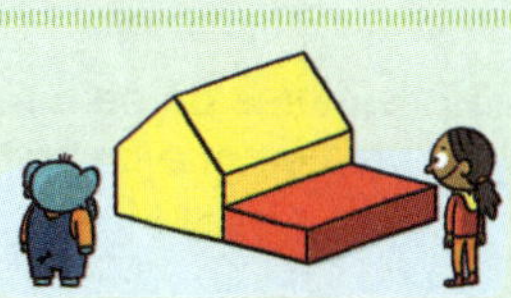

ENQUÊTE SUR

Défi animé
lienmini.fr/archice2-defi09

Défi 9 *Multiplier, diviser*

LE TOURNAGE

Défi animé
lienmini.fr/archice2-defi10

Défi 10 *Identifier des figures simples dans des figures complexes*

107 Mesurer le temps (année, siècle, millénaire)

Manipulation
Guide p. 218

CALCUL MENTAL
Énoncer une suite d'opérations simples (avec les 4 opérations). → Faire écrire chaque résultat intermédiaire.

....

1 C'est l'anniversaire de la grande sœur de Nino. Elle est née en 2010.
Entoure en violet le trait qui indique l'année 2010, en orange celui de l'année en cours, en bleu celui de l'année de ta naissance.

2005 2010 2015 2020 2025

2 **Complète les phrases avec les mots suivants :** ans , siècles , millénaires .

La Préhistoire a duré plusieurs ....
Le Moyen Âge a duré environ 10 ....
Les Temps modernes ont duré environ 300 ....
La construction du château de Versailles a duré presque 40 ....

3 **Complète.**

1 siècle = ... ans.
1 millénaire = ... siècles.
200 ans = ... siècles.
4 500 ans = ... millénaires et .... siècles.
1 millénaire = ... ans.
6 000 ans = 6 .... = 60 ....
3 000 ans = ... = ...

4 **Range les années suivantes de la plus ancienne à la plus récente.**

1492 1789 652 53 2011 1515

....

Place approximativement ces années sur la frise chronologique :

0 500 1000 1500 2000

Combien de siècles se sont écoulés :
entre 1400 et 1600 ? ....
entre 350 et 850 ? ....
entre 800 et 1200 ? ....

Combien de millénaires se sont écoulés :
entre 5 et 2005 ? ....
entre 1001 et 2001 ? ....
entre 453 et 1453 ? ....

5 **Complète.**

400 jours = 1 an et .... jours.
418 ans = 4 .... et ....
2 siècles et 1 demi-siècle et 2 ans = ... ans.
1 millénaire et 6 siècles = ... siècles = ... ans.

 Compétence : Comparer, estimer, mesurer des durées et exprimer une mesure dans une ou plusieurs unités.

108 Résoudre des problèmes de durée

Manipulation
Guide p. 220

CALCUL MENTAL
Énoncer une suite d'opérations simples (avec les 4 opérations). → Faire écrire chaque résultat intermédiaire.

....

* **1** Le décorateur a travaillé 3 h 33 minutes sur le nouveau décor.
A-t-il mis moins ou plus de 200 minutes pour faire le décor ?

....

** **2** Estelle prend l'avion pour aller de Paris à Barcelone. Le vol dure 1 h 30.
Si elle décolle à 8 h 50 de Paris, à quelle heure arrivera-t-elle à Barcelone ?

....

** **3** **Observe le GPS de la famille de Lali.**
Dans combien de temps arriveront-ils ?

....

*** **4** Lali prend le bus pour aller à la piscine. Le trajet en bus dure 35 min.
Elle a rendez-vous avec Agatha à 14 h 15.
Quel est le dernier bus qu'elle peut prendre ? ....

Heure de départ

35 min

109 Multiplier en décomposant en facteurs

Manipulation
Guide p. 222

CALCUL MENTAL
Énoncer différents calculs du type : *la somme de 75 et 125 ; 36 partagé en 9, etc.*

....

1 Agatha, Archi, Lali et Nino font un jeu, mais Archi a mélangé toutes les cartes !
Colorie de la même couleur les multiplications qui donnent le même résultat.

2 Entoure les multiplications qui font 10, 100, 1 000 puis calcule en regroupant les nombres.

Regroupe 2 nombres pour faire 10.	**Regroupe 2 nombres pour faire 100.**	**Regroupe 2 nombres pour faire 1 000.**
2 × 5 × 7 = ...	50 × 2 × 9 = ...	500 × 2 × 6 = ...
2 × 5 × 9 = ...	20 × 5 × 6 = ...	5 × 5 × 200 = ...
5 × 2 × 8 = ...	3 × 5 × 20 = ...	3 × 5 × 200 = ...
13 × 5 × 2 = ...	8 × 2 × 50 = ...	4 × 2 × 500 = ...

3 Décompose les nombres pour faire apparaître des multiplications par 10, puis effectue les calculs.

45 × 2 = 9 × 5 × 2 = ...	24 × 5 = 12 × 2 × 5 = ...
15 × 2 = ...	16 × 5 = ...
55 × 2 = ...	32 × 5 = ...

4 Décompose les nombres pour faire apparaître des multiplications par 100, puis effectue les calculs.

15 × 20 = ...	8 × 50 = ...
25 × 20 = ...	12 × 50 = ...
55 × 20 = ...	26 × 50 = ...

5 PROBLÈME Pour son restaurant, Étienne a acheté 5 kg de poissons à 22 € le kilo et 15 paniers d'huîtres à 20 € le panier.
Combien a-t-il payé ?

....

....

Compétence : Élaborer ou choisir des stratégies de calcul en ligne.

Calcul en ligne

110 Multiplier en décomposant les nombres

Manipulation
Guide p. 224

CALCUL MENTAL
Énoncer différents calculs du type :
la différence entre 128 et 99 ;
la moitié de 56, etc.

....

1 Au cinéma, on a vendu 4 carnets de 321 tickets pendant la journée.
Combien de tickets ont été vendus en tout ? Complète.

321 × 4 = (300 × 4) + (20 × 4) + (1 × 4) = ... + ... + ... = ...

On a vendu .... tickets en tout.

On a aussi vendu 132 sachets de 3 gâteaux.
Combien de gâteaux ont été vendus en tout ? Complète.

132 × 3 = (........ × 3) + (........ × 3) + (........ × 3) = ... + ... + ... = ...

On a vendu .... gâteaux en tout.

2 **Calcule comme dans l'exemple.**

Exemple : 18 × 4 = (10 × 4) + (8 × 4) = 40 + 32 = 72

51 × 6 = ...

43 × 9 = ...

23 × 7 = ...

34 × 5 = ...

3 PROBLÈME Une tablette est vendue 225 €.
Lucie, Sarah et Tiphaine vont en acheter une chacune.
Combien vont-elles utiliser de billets de 200 €, de 20 € et de 5 € en tout ?

....

Calcule la dépense totale.

....

4 PROBLÈME **a.** Une fête a lieu le soir de l'avant-première du film.
Nino a préparé 4 plateaux de 204 mini-sandwichs.
Combien de mini-sandwichs a-t-il préparés ?

....

....

b. Archi a préparé 6 saladiers de 350 cL de jus de fruit.
Combien de cL de jus a-t-il préparés ?

....

....

c. Lali a gonflé 8 paquets de 240 ballons.
Combien de ballons a-t-elle gonflés en tout ?

....

....

Compétence : Calculer en utilisant des écritures en ligne multiplicatives.

111 Lire l'heure (et quart, moins le quart, et demie)

Manipulation
Guide p. 226

CALCUL MENTAL
Écrire au tableau le retournement d'un nombre du type : *1234 : 4321.*
Énoncer des nombres à 3 chiffres à retourner.

....

1 **Colorie** les horloges et étiquettes pour chaque enfant : en rouge pour Agatha, en vert pour Lali, en jaune pour Nino.

trois heures et demie

trois heures et quart

trois heures quinze

2 h 45

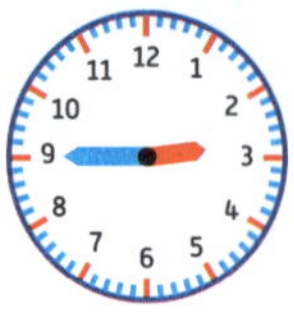

trois heures trente

deux heures quarante-cinq

2 **Écris** l'heure en lettres en utilisant les mots suivants : et quart , et demie , moins vingt .

....

....

3 **Dessine** l'aiguille des heures en rouge et l'aiguille des minutes en bleu.

sept heures et quart | neuf heures et demie | huit heures moins dix | quatre heures moins le quart

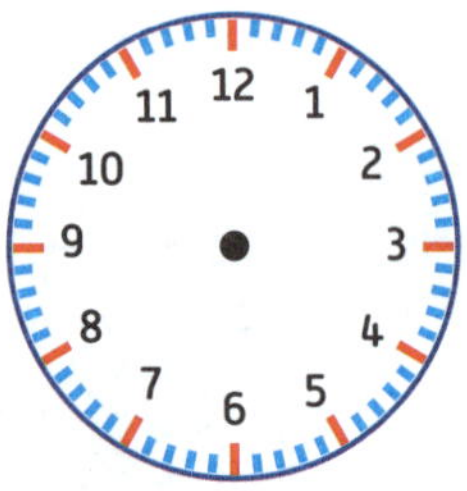

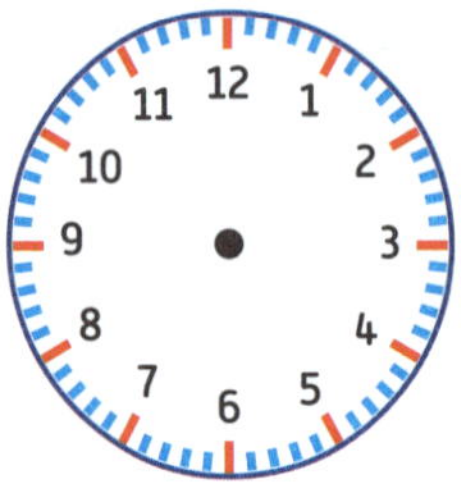

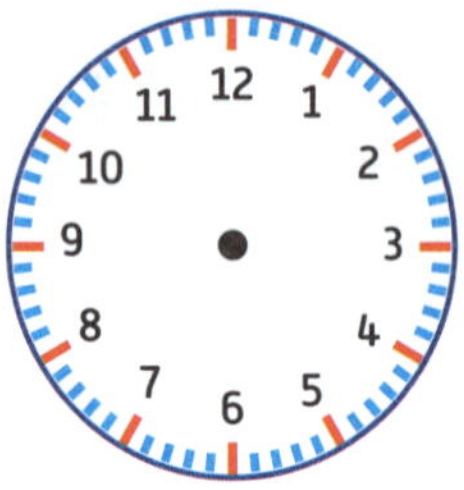

4 PROBLÈME Il est sept heures et quart.
Quelle heure sera-t-il dans une demi-heure ?
Entoure l'horloge correspondante.

5 PROBLÈME Il est quatre heures et quarante-cinq minutes. Julie a cours de tennis dans un quart d'heure.
Entoure l'horloge indiquant l'heure de début du cours.

Compétence : Connaître les unités de mesure de durée et certaines de leurs relations.

112 Écrire les nombres de différentes façons

Manipulation
Guide p. 228

CALCUL MENTAL
Énoncer différents calculs du type :
le quart de 44, etc.

....

1 **Colorie** de la même couleur les étiquettes qui désignent le même nombre.

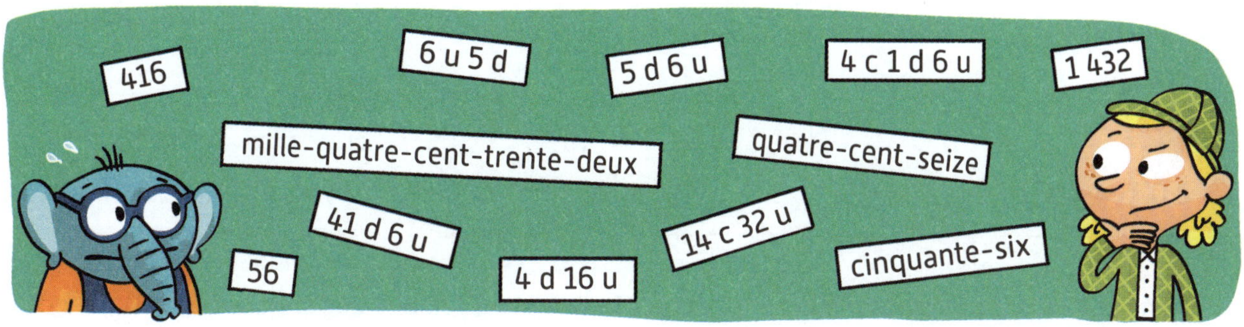

2 **Complète** les décompositions des nombres.

8 426	2 908	7 081
.... m .... c .... d .... u	.... m .... c .... d .... u	.... m .... c .... d .... u
.... c .... d .... u	.... c .... d .... u	.... c .... d .... u
.... d .... u	.... d .... u	.... d .... u

3 **Écris** ces nombres en lettres.

460 : ....

406 : ....

640 : ....

3 008 : ....

3 080 : ....

3 800 : ....

4 **PROBLÈME** En utilisant plusieurs étiquettes, **écris** au moins six nombres en lettres.

quatre   dix   vingt(s)   cent(s)

....

....

....

....

....

....

....

....

Compétence : Interpréter les noms des nombres.

113 Je m'entraîne

MULTIPLIER EN DÉCOMPOSANT LES NOMBRES

*
1 Décompose les nombres pour effectuer les multiplications comme dans l'exemple.

Exemple : 4 × 215 = (4 × 200) + (4 × 10) + (4 × 5) = 860

6 × 106 = ...

7 × 210 = ...

3 × 534 = ...

4 × 2 076 = ...

*
2 Décompose le nombre entouré pour effectuer le calcul en faisant apparaître 10, 100 ou 1 000.

Exemple : 5 × 16 = 5 × 2 × 8 = 10 × 8 = 80

5 × (48) = 5 × 2 × .... = 10 × .... = ...

25 × (16) = 25 × 4 × .... = 100 × .... = ...

50 × (14) = 50 × 2 × ...... = 100 × ...... = ...

(36) × 500 = ... × 2 × 500 = ... × 1 000 = ...

5 × (28) = 5 × 2 × .... = 10 × .... = ...

(24) × 50 = ... × 2 × 50 = ... × 100 = ...

500 × (22) = 500 × 2 × ...... = 1 000 × ...... = ...

(28) × 500 = ... × 2 × 500 = ... × 1 000 = ...

ÉCRIRE LES NOMBRES DE DIFFÉRENTES FAÇONS

*
3 Complète les décompositions des nombres.

5 450	8 002
... m ... c ... d ... u	... m ... c ... d ... u
... c ... d ... u	... c ... d ... u
..... d ..... u	... d ... u

*
4 Écris ces nombres en lettres.

1 101 : ....

1 011 : ....

1 001 : ....

1 110 : ....

MESURER DES DURÉES

*
5 Lis le tableau puis réponds aux questions.

Nom des planètes	Durée approximative d'un tour autour du Soleil
Jupiter	11 ans et 315 jours
Mars	687 jours
Mercure	88 jours
Neptune	164 ans et 322 jours
Saturne	29 ans et 167 jours
Terre	1 an
Uranus	84 ans et 7 jours
Vénus	225 jours

a. Quelle est la planète qui met le plus de temps pour faire un tour autour du Soleil ?

....

b. Quelle est la planète qui met le moins de temps pour faire un tour autour du Soleil ?

....

CONNAÎTRE ET UTILISER LES RELATIONS ENTRE ANNÉE, SIÈCLE ET MILLÉNAIRE

*
6 Complète.

300 ans = ... siècles

4 siècles = ... ans

2 millénaires = ... ans

1 millénaire = ... siècles

40 siècles = ... millénaires

**
7 La grande pyramide de Khéops a été construite il y a 46 siècles.
Les peintures de la grotte de Lascaux ont été réalisées il y a 17 millénaires.
Quelle est la réalisation la plus ancienne ?

....

....

LIRE L'HEURE

*
8 Coche la ou les bonnes réponses.

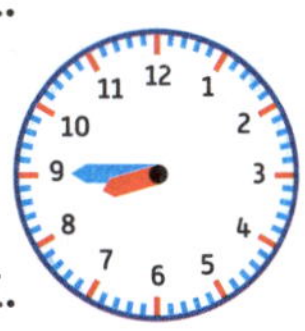

- ☐ Il est 8 heures moins le quart.
- ☐ Il est 20 h 45.
- ☐ Il est 9 heures moins vingt.
- ☐ Il est 9 heures moins le quart.

- ☐ Il est 7 h 20.
- ☐ Il est 17 h 20.
- ☐ Il est 4 h 07.
- ☐ Il est 16 h 35.

**
9 Dessine les aiguilles pour indiquer les heures suivantes.

9 h moins vingt

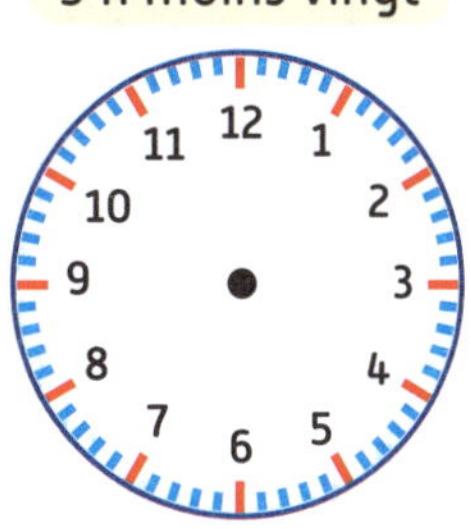

5 h et demie

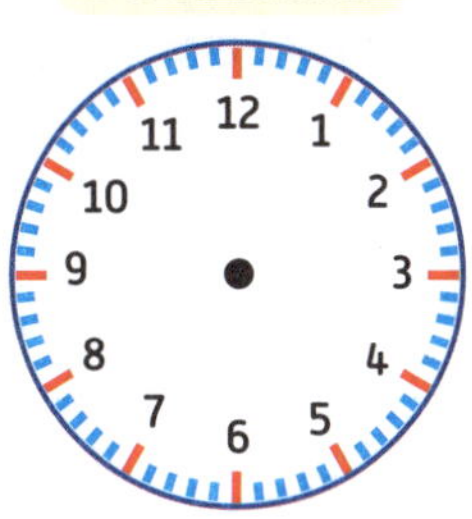

RÉSOUDRE DES PROBLÈMES DE DURÉE

Cherche dans ton cahier de brouillon.

*
10 Agatha est descendue du bus à 17 h 20. Elle y était montée à 16 h 55.
Combien de temps a duré le trajet ?

....

....

*
11 Tous les mercredis, Timéo participe à un cours de danse qui dure 1 h 30 min. Il termine à 19 h 15.
À quelle heure son cours commence-t-il ?

....

....

**
12 Bintou commence son cours d'athlétisme à 18 h 20. Elle a 35 min d'échauffement, 45 min d'endurance et 25 min de musculation.
À quelle heure son cours se termine-t-il ?

....

....

**
13 Un cours de gymnastique de 60 min est interrompu toutes les 15 min par une séance d'étirements.
Combien de séances d'étirements y a-t-il entre le début et la fin du cours ?

....

....

**
14 Xavier fait une randonnée de 40 km à vélo. Il met 25 min pour parcourir 10 km.
Combien de temps va-t-il rouler ?
Indique ta réponse en minutes, puis en heure et minutes.

....

....

114 Découvrir le périmètre

Manipulation
Guide p. 230

CALCUL MENTAL
Dicter des nombres du type :
1 001, 1 011.

....

1 **Entoure** les deux figures ayant le même périmètre.

2 **Calcule** le périmètre des deux figures suivantes.

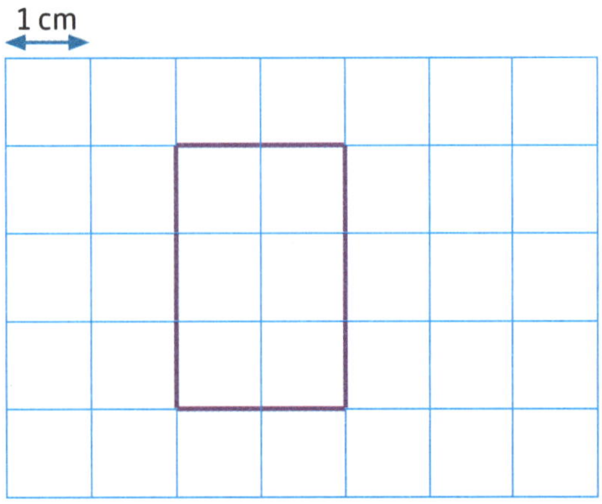

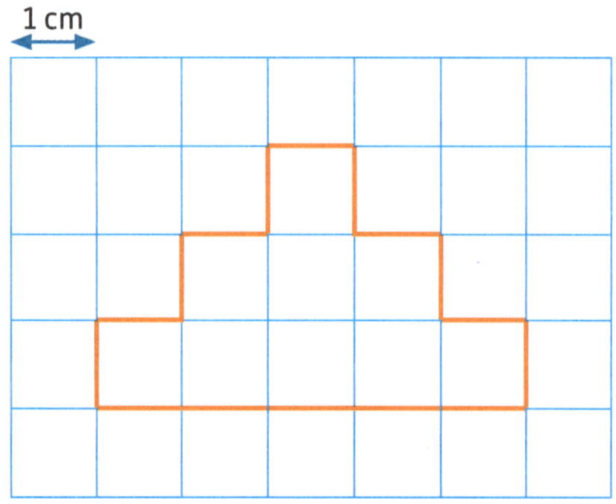

....

3 **Mesure** les longueurs des côtés de ces polygones puis **calcule** leur périmètre.

A

....

....

B

....

....

....

....

Le périmètre du polygone **A** mesure : .... Le périmètre du polygone **B** mesure : ....

4 **PROBLÈME** Nino aimerait fermer sa boîte à secret en utilisant un ruban adhésif.
Quelle longueur de ruban doit-il découper pour faire exactement le tour de sa boîte ?

....

Compétence : Comparer et mesurer des périmètres.

115 Réviser les tables (2)

Manipulation
Guide p. 232

CALCUL MENTAL
Énoncer des périmètres de différentes figures à calculer.

....	....	....	....	....

1 Agatha a encore gommé des cases du tableau de Pythagore !
Complète-le.

×	6	7	8
6	....	....	....
7	....	....	....
8	....	....	....

2 **Écris des multiplications qui permettent de trouver le nombre de cases bleues, puis calcule.**

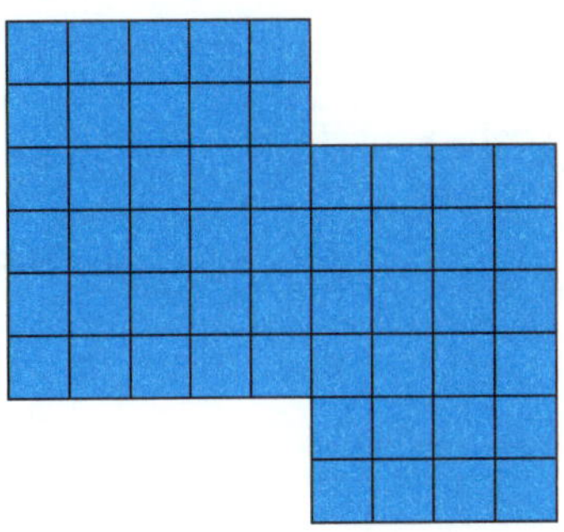

....

....

....

3 PROBLÈME **Quelle est la masse d'un lingot d'or ?**

....

4 PROBLÈME Les élèves ont utilisé 8 paquets de 6 gommettes rouges et 7 paquets de 9 gommettes vertes.
Combien de gommettes ont-ils utilisées en tout ?

....

....

....

5 PROBLÈME Archi et Nino se sont partagé équitablement des cubes pour faire une construction.
Archi a fait 4 tours de 6 cubes chacune.
Nino a fait 3 tours identiques.
Combien y a-t-il de cubes dans chacune des tours de Nino ?

....

....

Compétence : Mémoriser des faits numériques : tables de multiplication.

116 Multiplier par 15 et par 30

CALCUL MENTAL
Énoncer des phrases du type :
« Dans 9, il y a ...... fois 3. »
→ Faire écrire le nombre manquant.

....

→ Manipulation
Guide p. 234

1 **Relie les durées égales en t'aidant de l'horloge.**

15 minutes + 15 minutes ●	● 90 minutes ●	● 1 heure
30 minutes + 30 minutes ●	● 45 minutes ●	● 1 demi-heure
3 × 15 minutes ●	● 60 minutes ●	● 3 quarts d'heure
3 × 30 minutes ●	● 30 minutes ●	● 1 heure et demie

2 **Souligne les nombres qui sont dans la table de 15 et entoure ceux qui sont dans la table de 30.**

5 10 15 20 25 30 35 40 45 50 55 60 65 70 75

3 **Calcule.**

30 + 15 = ...
4 × 30 = ...
60 = ... × 15

75 – 15 = ...
6 × 15 = ...
120 = ... × 15

Pour les exercices 3 et 4, tu peux utiliser l'horloge en haut de la page, ou celle du matériel.

4 **PROBLÈME** Anna met 15 minutes pour ramasser les haricots sur une rangée de plantation.
Combien de rangées pourra-t-elle ramasser en 2 heures ?

....

....

5 **PROBLÈME** Un magasin vend des paquets de 15 bougies.
Combien de paquets de bougies chaque client doit-il acheter ?
Combien de bougies ne seront pas utilisées par chaque client ?

Ambre a besoin de 28 bougies

....

....

Rémi a besoin de 38 bougies

....

....

Vincent a besoin de 62 bougies

....

....

Compétence : Calculer en utilisant des écritures en ligne multiplicatives.

117 Multiplier par 25 et par 50

Manipulation
Guide p. 236

CALCUL MENTAL
Écrire un nombre au tableau, énoncer une suite d'opérations simples. → Faire écrire les résultats intermédiaires.

.... | .... | .... | .... | ....

1 Écris les nombres sous chaque graduation de cette demi-droite graduée.

0 | 25 | ...... | ...... | 100 | ...... | ...... | ...... | ...... | ...... | ...... | ...... | ...... | ...... | ...... | ...... | ......

2 Souligne les nombres qui sont dans la table de 25 et entoure ceux qui sont dans la table de 50.

5	10	15	20	25	30	35	40	45	50	55
60	65	70	75	80	85	90	95	100	105	110

3 Calcule.

3 × 25 = ...
4 × 25 = ...
7 × 25 = ...

3 × 50 = ...
5 × 50 = ...
8 × 50 = ...

4 Complète.

8 × 25 = 200 → 16 × 25 = ...
12 × 25 = 300 → 13 × 25 = ...
14 × 50 = 700 → 13 × 50 = ...
12 × 50 = 600 → 24 × 50 = ...

Observe bien le résultat de la colonne de gauche pour compléter la colonne de droite.

5 PROBLÈME Pour les décors du film, 14 rouleaux de 50 m de tissus ont été utilisés.
Quelle longueur de tissus a été utilisée en tout ?

....

6 PROBLÈME Lors d'un cross, les coureurs ont bu 23 bouteilles de 25 cL d'eau.
Quelle quantité d'eau a été bue en tout ?

....
....

118 Résoudre des problèmes de comparaison multiplicative (2)

Manipulation
Guide p. 238

CALCUL MENTAL
Énoncer des calculs du type :
4 × 2 d. → Faire écrire le résultat.

....

* **1** Aujourd'hui, il y avait 60 figurants adultes sur le plateau de tournage du film.
Chaque adulte était accompagné par deux enfants.

Coche la réponse correcte.

- ☐ Il y avait autant d'enfants que d'adultes.
- ☐ Il y avait deux fois plus d'enfants que d'adultes.
- ☐ Il y avait trois fois plus d'enfants que d'adultes.

Complète le schéma pour t'aider à répondre.

Sur le plateau de tournage, il y avait .... enfants.

60

* **2** À la kermesse, les enfants avaient plus faim que soif.
Ils ont consommé 150 sandwiches.
C'est trois fois plus que de bouteilles d'eau.
Combien ont-ils bu de bouteilles d'eau ?
Complète le schéma puis réponds à la question.

....

....

150

** **3** Au cinéma, les publicités ont duré 9 minutes.
C'est 14 fois moins que la durée du film.
Calcule la durée du film en minutes.

....

....

** **4** Ce matin au zoo, on a vendu 80 billets d'entrée adultes à 12 € et trois fois plus de billets enfants à 5 €. Le caissier compte sa caisse et trouve 2 160 €.
Son compte est-il correct ? Écris ton calcul.

....

....

Compétence : Résoudre des problèmes relevant de structures multiplicatives.

Identifier des figures simples dans des figures complexes

Manipulation
Guide p. 240

CALCUL MENTAL
Énoncer des phrases du type :
« J'en ai 8, j'en veux 2 fois moins. »
→ Faire écrire le résultat.

....

1 Les 6 pièces de ce puzzle sont des polygones.
Retrouve leur nom.

En violet : ....
....

En jaune : ....
....

En orange : ....
....

2 **Combien de rectangles y a-t-il en tout sur chacune de ces figures ?**

a. 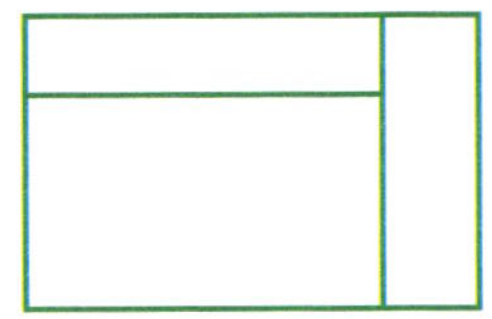 ....

b. 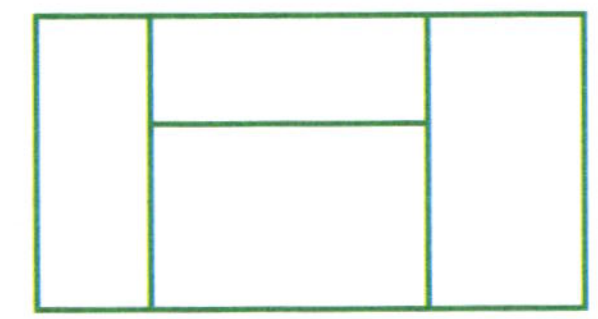 ....

3 **Observe bien cette figure puis reproduis-la à main levée en ne traçant que des carrés et des rectangles. Trouve 2 solutions possibles.**
N'efface pas tes traits de construction. Ils indiquent la solution que tu as trouvée.

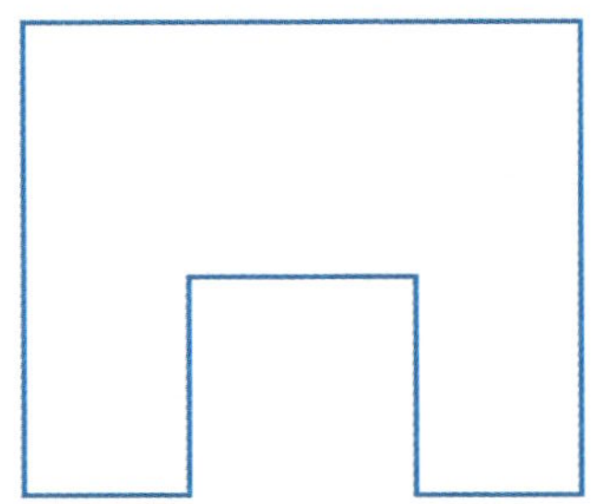

4 PROBLÈME **Complète chaque figure pour faire apparaître au moins 1 fois chacun des 3 polygones que tu as trouvés dans l'exercice 1.**
Utilise les contours de la figure.

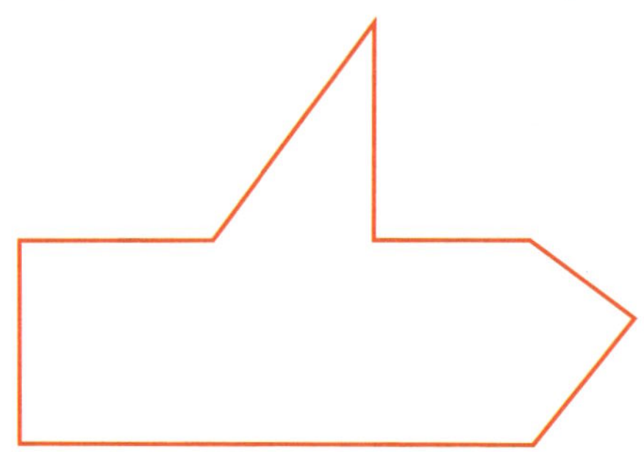

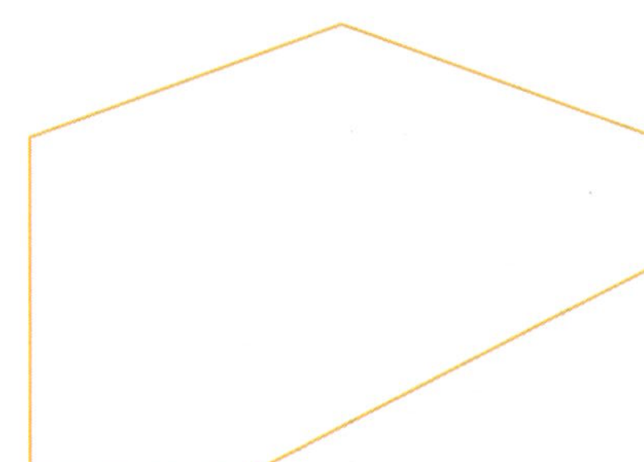

Compétence : Reconnaître, nommer des figures usuelles.

120 Décrire des figures

Manipulation
Guide p. 242

CALCUL MENTAL
Énoncer une suite d'opérations (avec les 4 opérations). → Faire écrire chaque résultat intermédiaire.

....

1 **Relie** chaque figure à la description qui correspond.

La figure est composée d'un triangle.
Il y a également un cercle qui a pour diamètre un des côtés du triangle.

La figure est composée d'un cercle.
Il y a également un triangle dont un côté est un rayon du cercle.

La figure est composée d'un triangle.
Il y a également un cercle dont le centre est un des sommets du triangle. Les autres sommets du triangle sont à l'extérieur du cercle.

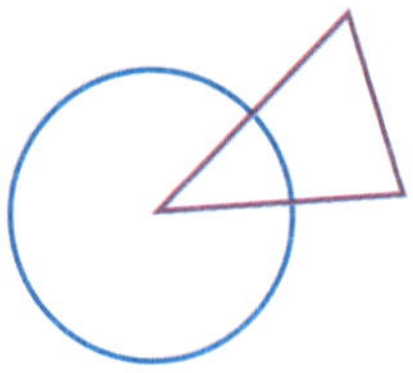

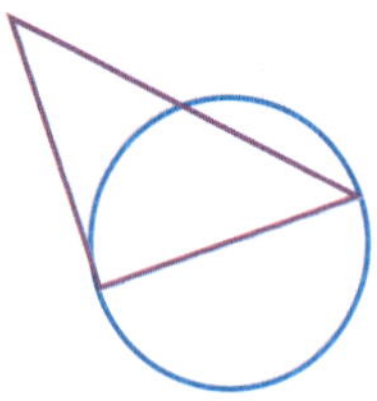

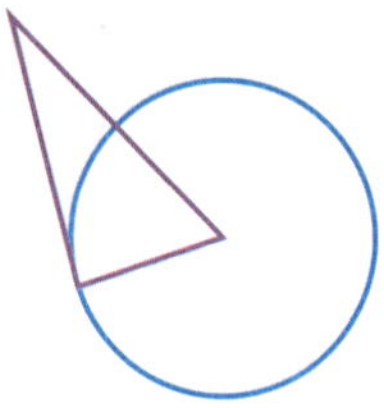

2 **Barre** l'information fausse et **entoure** celle qui te paraît la plus précise pour décrire cette figure qui est composée de 1 carré et de 4 cercles identiques.

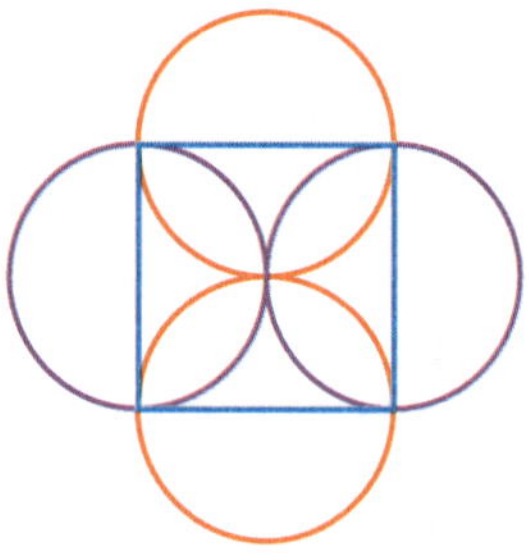

Cette figure possède plusieurs axes de symétrie.

Il y a un cercle en haut, en bas, à gauche et à droite.

Les cercles ont pour rayon un des côtés du carré.

Chaque côté du carré est le diamètre d'un des cercles.

3 **Décris** le plus précisément possible cette figure.

....

....

....

....

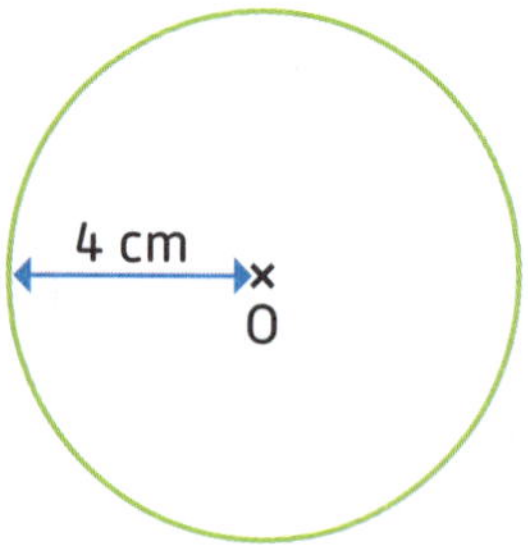

4 **Décris** le plus précisément possible cette figure.

....

....

....

....

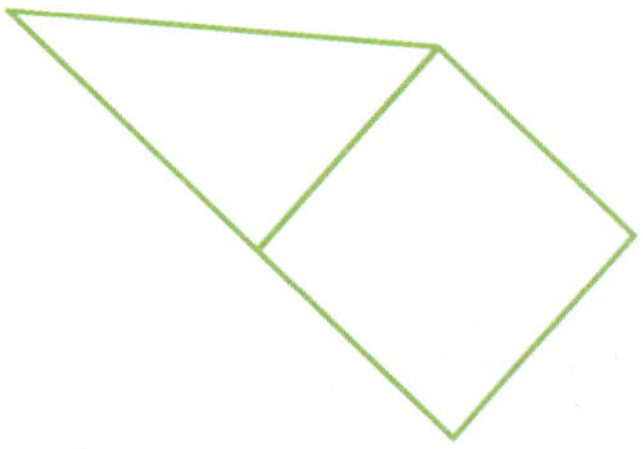

Compétence : Décrire des figures ou des assemblages de figures planes.

121 Reproduire des figures complexes

CALCUL MENTAL
Énoncer des calculs issus des tables de multiplication de 2 et de 4.

....

Manipulation
Guide p. 244

1 Complète la maison comme le modèle.

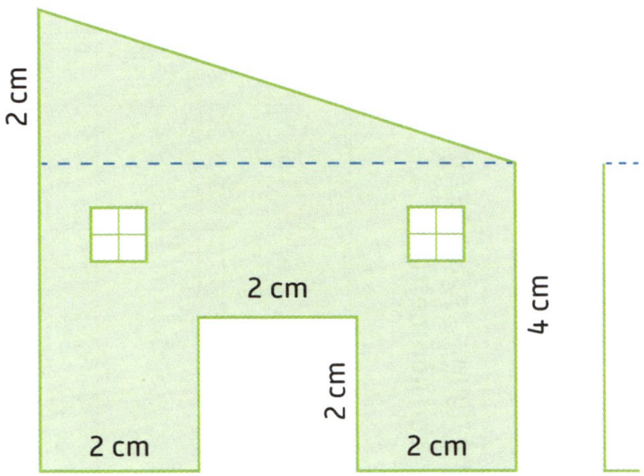

2 PROBLÈME Cette figure complexe est composée de 4 polygones.
Identifie-les en traçant des segments à l'intérieur de la fusée.
Reproduis la figure en respectant les mesures. Tu peux commencer par tracer un rectangle de 2 cm sur 4 cm.

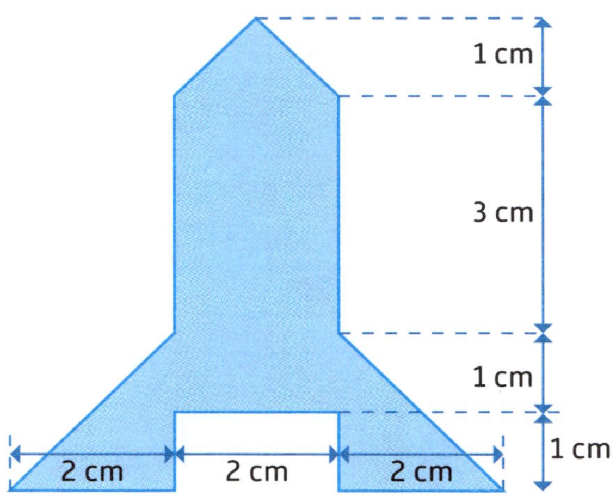

3 Quelles formes peux-tu identifier en regardant cette figure ?

....

....

....

Reproduis cette figure en respectant les mesures.

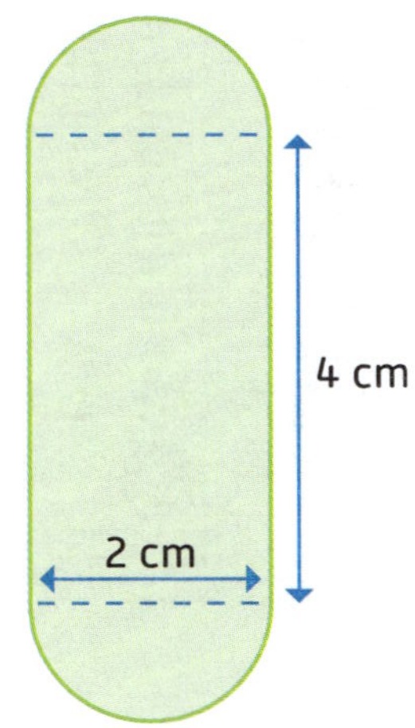

Je m'entraîne

RÉVISER LES TABLES

1 * Complète les résultats suivants.

a.

6 × 4 = ... 9 × 3 = ...

8 × .... = 32 48 = ... × 6

b.

40, c'est 8 fois ..... 24, c'est 3 fois .....

36, c'est 4 fois ..... 60, c'est 10 fois .....

c.

Dans 15, il y a 5 fois ....

Dans 54, il y a 6 fois ....

Dans 45, il y a 9 fois ....

Dans 21, il y a 7 fois ....

2 ** Calcule.

a.

(3 × 4) + (3 × 6) = ...

(10 × 10) + (10 × 5) = ...

(4 × 7) + (4 × 1) = ...

(6 × 3) + (6 × 2) = ...

b.

31 = (4 × ......) + 3 51 = (5 × ......) + ...

46 = (6 × ......) + 4 73 = (8 × ......) + ...

MULTIPLIER PAR 15, 30, 25, 50

3 * Entoure les nombres qui sont dans la table de 15.

35 40 105 60 75 95

4 ** Calcule.

4 × 30 = ... 4 × 25 = ...

5 × 15 = ... 25 × 8 = ...

150 = 30 × .... 100 = ... × 50

90 = 15 × .... 300 = ... × 50

5 * Complète comme dans l'exemple.**

Exemple : 55 = 2 × 25 + 5

80 = ... × 25 + ...

90 = ... × 25 + ...

110 = ... × 25 + ...

DÉCOUVRIR LE PÉRIMÈTRE

6 * Mesure les côtés de ce triangle, puis calcule son périmètre.

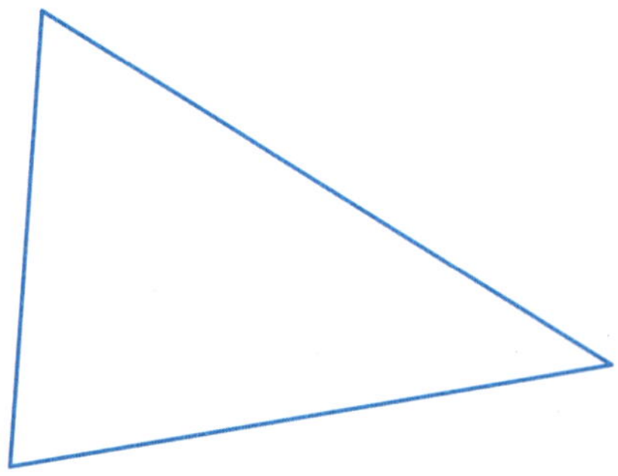

....

....

7 ** Calcule le périmètre de cette figure.

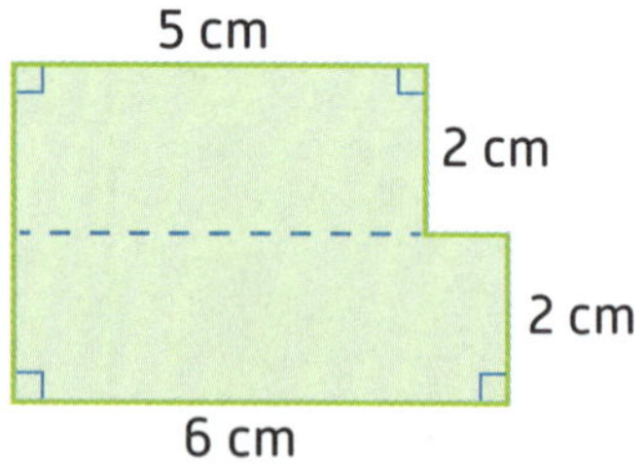

....

....

....

....

....

8 ** Voici une figure constituée de 9 carrés. Calcule son périmètre.

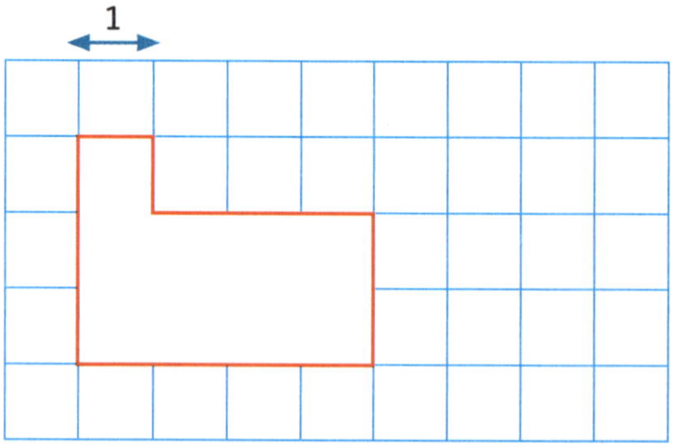

....

9 ** **Construis une figure de 9 carrés qui a un périmètre plus grand que la figure de l'exercice 8.**

10 * Léa a une collection de 32 cartes postales. Siam en a quatre fois plus.
Combien Siam a-t-elle de cartes postales ?

....			
....	....	....	....

....

....

RÉSOUDRE DES PROBLÈMES DE COMPARAISON MULTIPLICATIVE

11 * Léon cueille 25 cerises, c'est trois fois moins que Malo.
Combien de cerises Malo a-t-il cueillies ?

....		
....	....	....

....

....

12 * Manon a un bouquet de 12 fleurs, il y a 3 lys et 9 roses. **Complète.**

....	
....	....

Il y a ....fois plus de roses que de lys.

IDENTIFIER DES FIGURES SIMPLES DANS DES FIGURES COMPLEXES

13 ** **Observe la figure et complète la phrase.**

Il y a .... carré(s), ... rectangle(s) et .... triangle(s) rectangle(s).

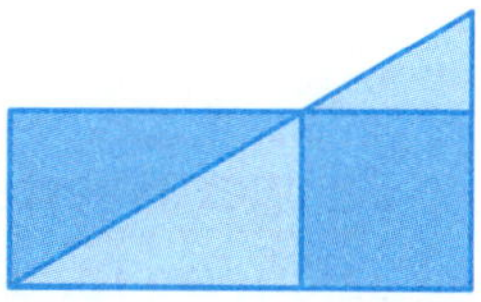

14 ** **Trace 2 segments dans le rectangle ci-dessous pour faire apparaître : 1 carré, 2 rectangles, 2 triangles rectangles.**

REPRODUIRE DES FIGURES COMPLEXES

15 ** **Observe le modèle et reproduis-le.**

Modèle

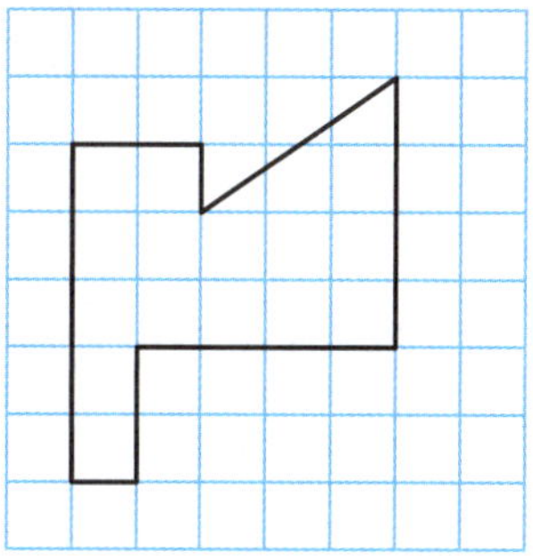

123 Résoudre des problèmes de recherche d'exhaustivité des cas

Manipulation
Guide p. 246

CALCUL MENTAL
Énoncer des calculs issus des tables de multiplication de 3 et 6.

....

* **1** Archi ne sait pas quelle tenue choisir. Il a trois paires de lunettes différentes et deux salopettes de couleurs différentes.
À l'aide du tableau, trouve les tenues qu'Archi peut porter. Complète.

	Lunettes bleues	Lunettes jaunes	Lunettes roses
Salopette verte			
Salopette rouge			

Archi peut porter : une salopette .... et des lunettes ....
ou une salopette .... et des lunettes ....
ou une salopette .... et des lunettes ....
ou une salopette .... et des lunettes ....
ou une salopette .... et des lunettes ....
ou une salopette .... et des lunettes ....

* **2** Aziz et Lucie sont à la cantine. Ils vont choisir une entrée, un plat et un dessert.
À l'aide de cet arbre des choix, trouve tous les menus possibles.

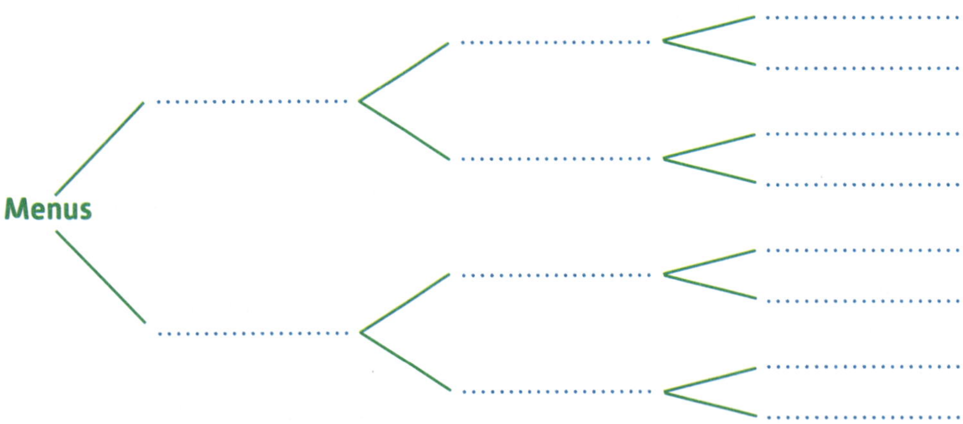

** **3** **Avec les chiffres 2, 5 et 8, écris tous les nombres possibles à 3 chiffres en n'utilisant qu'une seule fois chaque chiffre.**

....
....

** **4** En additionnant deux nombres à deux chiffres, j'obtiens 30.
Trouve toutes les solutions possibles.

....
....

*** **5** **Quelles sont toutes les possibilités pour obtenir un total de 6 en lançant trois dés ?**

Compétence : Résoudre des problèmes et appréhender différents systèmes de représentations.

124 Se repérer sur un plan

Manipulation
Guide p. 248

CALCUL MENTAL
Énoncer des calculs issus des tables de multiplication de 5 et 10.

....

1 **a. Trace le trajet emprunté par Archi en suivant ces indications :**

- Je suis parti vers la gauche.
- Après le musée, j'ai tourné à droite.
- Ensuite, j'ai pris la troisième rue à gauche, puis la deuxième à droite.
- Je suis arrivé !

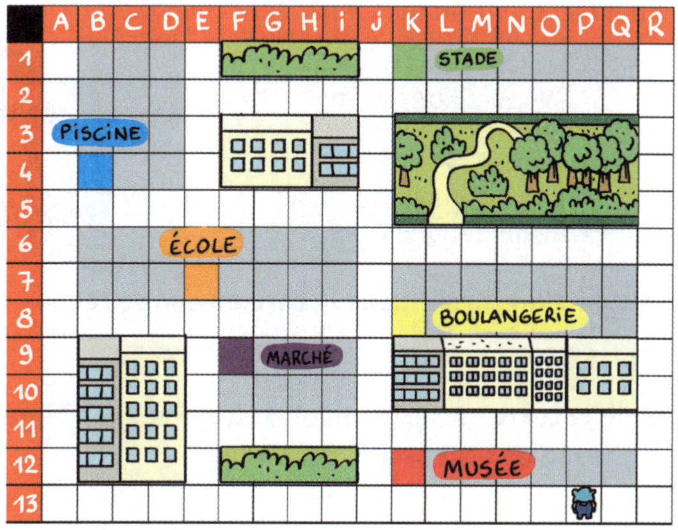

b. Où Archi est-il allé ?

....

....

....

2 **Observe le trajet de Nino et complète le texte.**

Pour rejoindre Lali, avance jusqu'à ...., tourne à ....
Devant ...., tourne à ...., puis prends la .... rue à ....
Au bout de la rue, tourne à ...., puis prends la .... rue à ....

3 **Observe ce plan.**

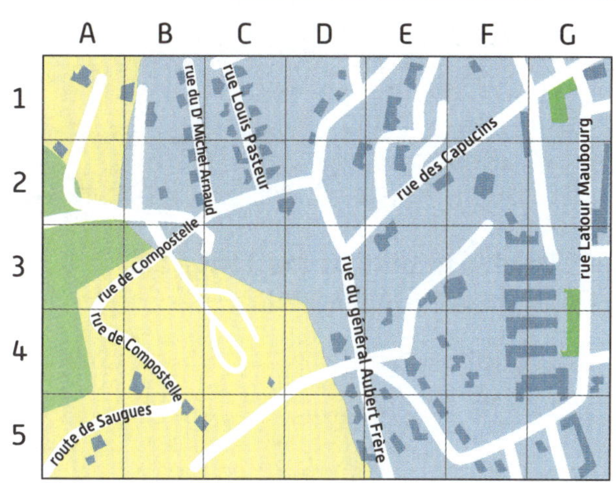

a. Sur quelles cases est située la rue Louis Pasteur ?

....

....

....

b. Sur quelles cases est située la rue des Capucins ?

....

....

....

125 Coder et réaliser des déplacements

Manipulation
Guide p. 250

CALCUL MENTAL
Énoncer des calculs issus de la table de multiplication de 7.

……… ……… ……… ……… ………

1 La réalisatrice donne à Lali les indications de déplacement du personnage qu'elle joue :

- Tourne à droite.
- Avance d'une case.
- Tourne à gauche.
- Avance de 3 cases.
- Tourne à gauche.
- Avance d'une case.

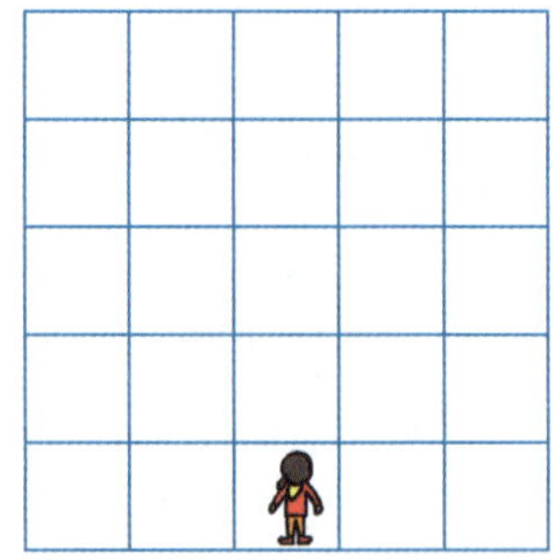

Marque d'une croix bleue la case où Lali se rend.

2 **Coche le texte correspondant au trajet menant Agatha à Nino. Puis, trace ce trajet sur le quadrillage.**

☐ **Texte 1 :**
Tourne à droite. Avance de 2 cases. Tourne à gauche. Avance de 4 cases. Tourne à gauche. Avance de 2 cases.

☐ **Texte 2 :**
Tourne à gauche. Avance de 2 cases. Tourne à droite. Avance de 3 cases. Tourne à gauche. Avance de 3 cases. Tourne à droite. Avance de 2 cases.

☐ **Texte 3 :**
Tourne à droite. Avance de 2 cases. Tourne à gauche. Avance de 3 cases. Tourne à droite. Avance de 3 cases. Tourne à gauche. Avance de 2 cases.

3 **Quel codage permet à Lali d'arriver au stade ?**
Un carré = 100 m.

☐ **Texte 1 :**
Av 400 m. TG. Av 200 m. TD. Av 600 m. TD.

☐ **Texte 2 :**
Av 200 m. TD. Av 400 m. TG. Av 900 m. TD.

☐ **Texte 3 :**
Av 200 m. TG. Av 500 m. TD. Av 700 m. TG.

Code un parcours permettant à Lali de se rendre à la piscine.

………………………………………………………………
………………………………………………………………
………………………………………………………………

Compétence : Coder et décoder pour prévoir, représenter et réaliser des déplacements sur un quadrillage.

126 Coder et réaliser des déplacements avec Scratch

Manipulation
Guide p. 252

CALCUL MENTAL
Énoncer des calculs issus de la table de multiplication de 8.

....

1 Entoure le script qui permet d'arriver à la deuxième scène.

Départ

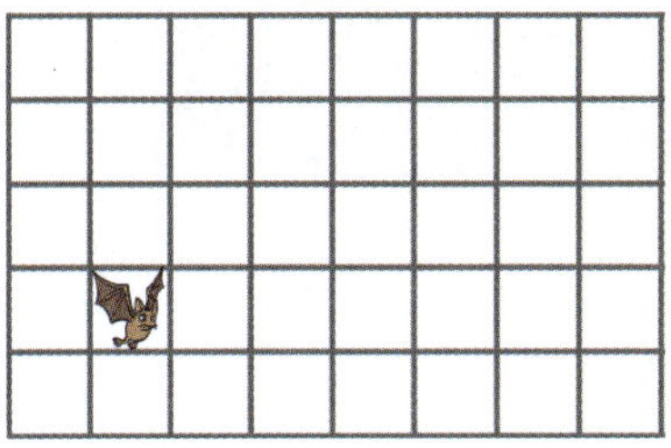

Arrivée

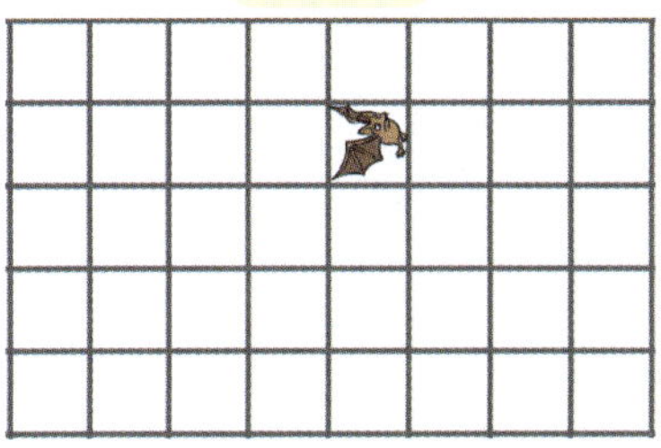

1
- quand [drapeau] est cliqué
- avancer de 50 pas
- avancer de 50 pas
- tourner à droite
- avancer de 50 pas
- tourner à gauche
- avancer de 50 pas

2
- quand [drapeau] est cliqué
- avancer de 50 pas
- tourner à droite
- avancer de 50 pas
- tourner à gauche
- avancer de 100 pas

3
- quand [drapeau] est cliqué
- avancer de 150 pas
- tourner à gauche
- avancer de 100 pas

2 Suis le script du lutin vert et entoure en vert son ballon.
Suis le script du lutin bleu et entoure en bleu son ballon.

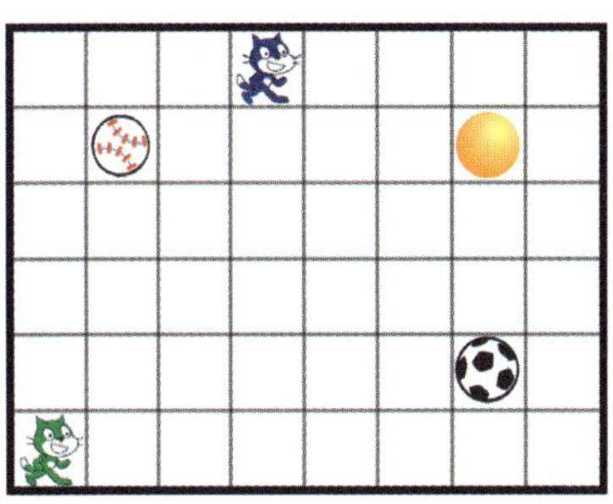

Lutin vert
- quand [drapeau] est cliqué
- avancer de 100 pas
- tourner à gauche
- avancer de 200 pas
- tourner à gauche
- avancer de 50 pas

Lutin bleu
- quand [drapeau] est cliqué
- avancer de 50 pas
- tourner à droite
- avancer de 200 pas
- tourner à gauche
- avancer de 100 pas

3 Observe le script et entoure le dépacement correspondant.

- quand [drapeau] est cliqué
- répéter 3 fois
  - avancer de 50 pas
  - attendre 1 seconde
- dire Bonjour pendant 2 secondes

1

2

3

Compétence : Coder et décoder pour prévoir, représenter et réaliser des déplacements sur un écran.

Calcul en ligne

127 Diviser en décomposant les nombres

Manipulation
Guide p. 254

CALCUL MENTAL
Énoncer des calculs issus de la table de multiplication de 9.

....

1 **Pour une scène du film, il faut répartir de fausses pièces et de faux billets en 4 parts égales.**

Archi partage 12 pièces de 1 € en 4 parts égales.
Combien de pièces de 1 € met-il dans chaque part ? Complète le calcul.

12 : 4 = ... Chaque part contient ....

Nino partage 12 billets de 10 € en 4 parts égales.
Combien de billets de 10 € met-il dans chaque part ? Complète le calcul.

12 d : 4 = ... d = ... Chaque part contient ....

Lali partage 12 billets de 100 € en 4 parts égales.
Combien de billets de 100 € met-il dans chaque part ? Complète le calcul.

12 c : 4 = ... c = ... Chaque part contient ....

2 **Complète les calculs.**

27 : 3 = ...	270 : 3 = ...	2 700 : 3 = ...
45 : 9 = ...	450 : 9 = ...	4 500 : 9 = ...
60 : 6 = ...	600 : 6 = ...	6 000 : 6 = ...
49 : 7 = ...	490 : 7 = ...	4 900 : 7 = ...

3 **Calcule comme dans l'exemple.**

Exemple : *360 : 3 = (300 : 3) + (60 : 3) = 100 + 20 = 120*

84 : 4 = ...

603 : 3 = ...

540 : 5 = ...

4 PROBLÈME L'entraîneur de l'équipe de basketball a acheté 5 ballons identiques et a payé 155 €.
Quel est le prix d'un ballon ?

....

Compétence : Calculer en utilisant des écritures en ligne mixtes.

128 Diviser par 25 et par 50

Manipulation
Guide p. 256

CALCUL MENTAL
Énoncer des calculs du type :
69 : 3 ou 268 : 2. → Faire écrire le résultat.

....

1 **Calcule le nombre de paquets à commander pour avoir le nombre d'objets demandé.**

150 ballons jaunes c'est .... paquets de 50 ballons jaunes.
150 = ... × 50 donc 150 : 50 = ...

75 guirlandes vertes c'est .... paquets de 25 guirlandes vertes.
75 = ... × 25 donc 75 : 25 = ...

150 guirlandes rouges c'est .... paquets de 25 guirlandes rouges.
150 = ... × 25 donc 150 : 25 = ...

2 **Calcule.**

100 : 50 = ...
200 : 50 = ...
250 : 50 = ...

104 : 50 = ... et il reste ......
227 : 50 = ... et il reste ......
282 : 50 = ... et il reste ......

3 **Calcule.**

100 : 25 = ...
200 : 25 = ...
250 : 25 = ...

104 : 25 = ... et il reste ......
227 : 25 = ... et il reste ......
282 : 25 = ... et il reste ......

4 **PROBLÈME** Archi veut acheter des feuilles de papier de différentes couleurs. Pour chaque couleur, il peut les acheter à l'unité ou par paquets de 50.

Complète le tableau pour indiquer ce que va devoir acheter Archi.

Couleur	Quantité souhaitée	Nombre de paquets de 50	Nombre de feuilles à l'unité à acheter en plus
Bleu	60	....	....
Rouge	130	....	....
Jaune	210	....	....
Vert	175	....	....

Vers le CM1

129 Découvrir le million

Manipulation
Guide p. 258

CALCUL MENTAL
Énoncer différents calculs du type : *150 divisé par 50 ; 550 divisé par 50, etc.*

....

1 **Trouve** le nombre total de cubes de construction nécessaire pour fabriquer la statue d'Archi.

Cubes par 100 000	Cubes par 10 000	Cubes par 1 000	Cubes par 100	Cubes par 10	Cubes à l'unité
9 cartons	8 cartons	4 cartons	1 sachet	7 sachets	9

(9 × 100 000) + ...

.... = ...

Il faut ....

Combien ai-je de cubes de construction si j'en ajoute 15 820 ?

....

2 **Calcule.**

(5 × 100 000) + (2 × 10 000) + (4 × 1 000) + (7 × 100) + (6 × 10) + 8 = ...

(1 × 100 000) + (3 × 10 000) + (4 × 1 000) + (9 × 10) + 2 = ...

(8 × 100 000) + (1 × 1 000) + (4 × 100) + (5 × 10) + 1 = ...

3 **Calcule.**

200 000 + 50 000 + 4 000 + 300 + 80 + 7 = ...

600 000 + 90 000 + 500 + 60 + 2 = ...

999 995 + ... = 1 000 000

29 999 + 1 = ...

499 000 + 1 = ...

999 999 + 1 = ...

4 **PROBLÈME** Monsieur Jean achète un hôtel à 750 000 €.
Il dépense 200 000 € pour faire des travaux de rénovation et 50 000 € pour installer une piscine.
Combien dépense-t-il en tout ?

....

5 **PROBLÈME** **Décode** le message.

0	1	2	3	4	5	6	7	8	9
A	M	B	E	N	!	O	V	L	R

Le message est : ....

Le chiffre des dizaines de 475 529 : ....
Le chiffre des centaines de mille de 917 624 : ....
Le chiffre le plus représenté dans 1 000 000 : ....
Le chiffre impair de 786 240 : ....
33 333 – 33 327 : ....
(5 × 10) – (5 × 9) : ....

Compétence : Utiliser différentes représentations des nombres.

130 Résoudre des problèmes à plusieurs étapes

Manipulation
Guide p. 260

CALCUL MENTAL
Énoncer différents calculs du type :
225 divisé par 25 ; 375 divisé par 25, etc.

....

* **1** Agatha a caché sa montre sur le plateau de tournage.
Archi, Lali et Nino avaient 500 secondes pour la retrouver.
Cela fait déjà 1 minute 25 secondes qu'ils la cherchent.
Combien de temps leur reste-t-il pour trouver la montre ?

a. **Complète le schéma pour t'aider à répondre.**

....	
....	....

b. **Explique ta démarche.**

	Je fais un calcul.	J'écris une phrase pour dire ce que j'ai trouvé.
Étape 1	....	....
Étape 2	....	....

c. **Écris ta réponse.**

....

* **2** 250 invitations doivent être distribuées pour la première projection du film.
Agatha en a déjà distribué 86 et Lali 66.
Archi et Nino décident de se partager équitablement le reste.
Combien d'invitations devront-ils distribuer chacun ?

a. **Complète le schéma pour t'aider à répondre.**

....			
....	....	....	....

b. **Explique ta démarche.**

	Je fais un calcul.	J'écris une phrase pour dire ce que j'ai trouvé.
Étape 1	....	....
Étape 2	....	....
Étape 3	....	....

c. **Écris ta réponse.**

....

DIVISER (calcul en ligne)

* **1 Calcule.**

40 : 2 = ...
600 : 2 = ...
60 : 3 = ...
900 : 3 = ...
80 : 4 = ...
120 : 4 = ...
55 : 5 = ...
505 : 5 = ...

* **2 Complète les calculs.**

100 : 25 = ...
250 : 25 = ...
100 : 50 = ...
500 : 50 = ...
75 : 25 = ...
1000 : 25 = ...
350 : 50 = ...
1000 : 50 = ...

** **3 Calcule comme dans l'exemple.**

Exemple : 842 : 2 = (8 c : 2) + (4 d : 2) + (2 u : 2) = 4 c + 2 d + 1 u = 421

63 : 3 = ...
246 : 2 = ...
369 : 3 = ...
484 : 4 = ...

*** **4 Utilise les décompositions proposées pour effectuer les divisions.**

416 = 4 c + 16 u — 416 : 4 = ...
155 = 15 d + 5 u — 155 : 5 = ...
2 046 = 2 m + 4 d + 6 u — 2 046 : 2 = ...

RÉSOUDRE DES PROBLÈMES D'EXHAUSTIVITÉ DES CAS

* **5** En colonie de vacances, les enfants ont chaque jour le choix entre : deux activités le matin, trois activités l'après-midi et deux le soir.
À l'aide de cet arbre des choix, trouve tous les choix possibles.

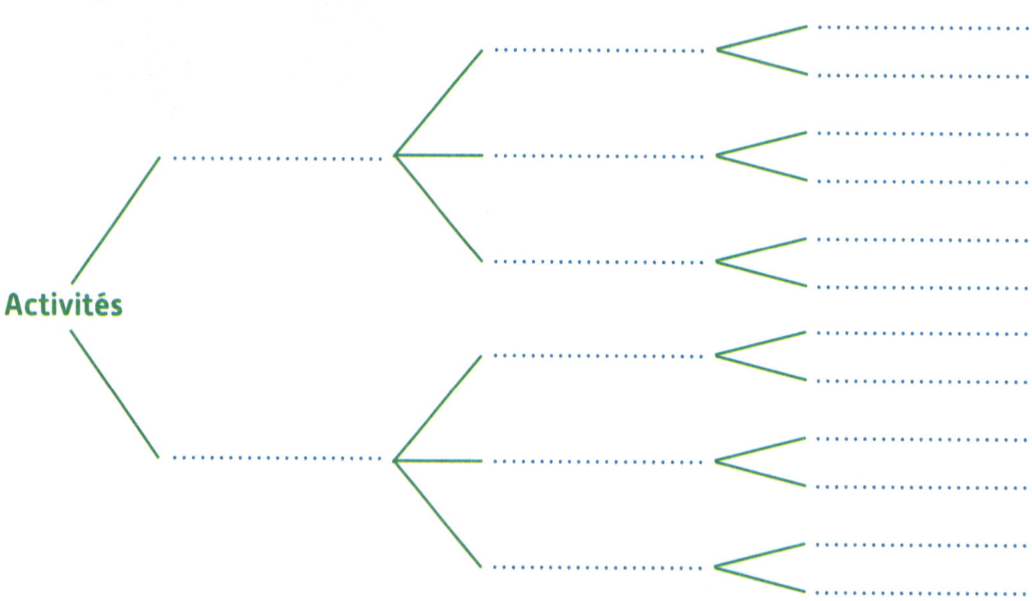

RÉSOUDRE DES PROBLÈMES DE MULTIPLICATION

* **6** Jules habite au 12e étage d'un immeuble. Il y a 15 marches à monter par étage.
Combien de marches doit-il grimper lorsqu'il décide de monter à pied ?

....

....

* **7** Iris habite en face d'un immeuble de 28 étages. À chaque étage, il y a 25 fenêtres.
Combien de fenêtres y a-t-il en tout dans cet immeuble ?

....

....

RÉSOUDRE DES PROBLÈMES À ÉTAPES

** **8** L'école de Lali et Nino se rend au cirque. La place coûte 5 €. Le matin, 100 élèves ont vu le spectacle. Les autres élèves ont vu le spectacle l'après-midi. La directrice de l'école a payé 1 250 €.
Combien d'élèves ont vu le spectacle l'après-midi ?

....

....

** **9** Le bassin de la piscine a une longueur de 25 m. Nino a nagé 1 km.
Combien de longueurs a-t-il faites ?

....

....

** **10** Le pâtissier a fabriqué 2 600 chocolats qu'il veut ranger dans des boîtes de 25.
Combien de boîtes peut-il remplir ?

....

....

CODER ET RÉALISER DES DEPLACEMENTS

* **11** **Termine le codage pour aider Lali à rejoindre Archi.**

Av 700 m. TD. ....

....

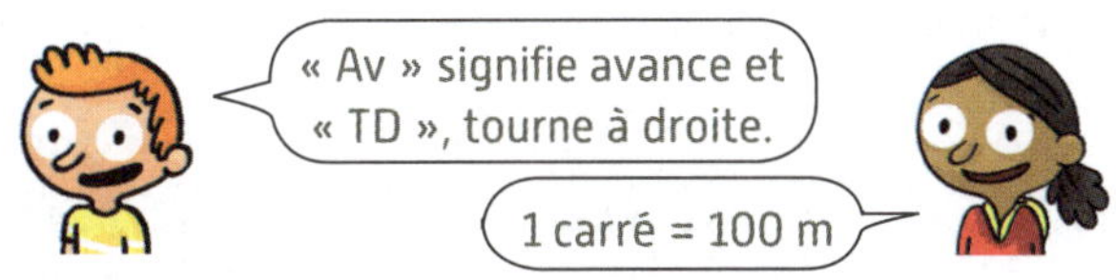

** **12** **Avec le plan de l'exercice 11, termine le codage pour aider Agatha à rejoindre Archi.**

Av 300 m. TD. ....

....

....

DÉCRIRE DES FIGURES COMPLEXES

** **13** **Décris cette figure le plus précisément possible.**

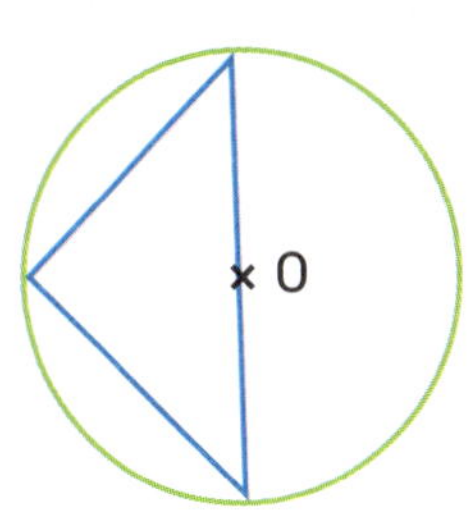

....

....

....

....

....

....

....

132 BILAN

1

Établir des relations entre les unités de durées (année, siècle, millénaire).

Complète.

Combien de siècles se sont écoulés entre 1700 et 1900 ? ....

Combien de siècles se sont écoulés entre 1430 et 1830 ? ....

Combien de millénaires se sont écoulés entre 1018 et 2018 ? ....

Combien de millénaires se sont écoulés entre 15 et 2015 ? ....

2

Calculer le périmètre d'un polygone.

Mesure les côtés de ce rectangle et calcule son périmètre.

....

....

....

....

3

Calculer le périmètre d'un polygone.

Calcule le périmètre de ce polygone.

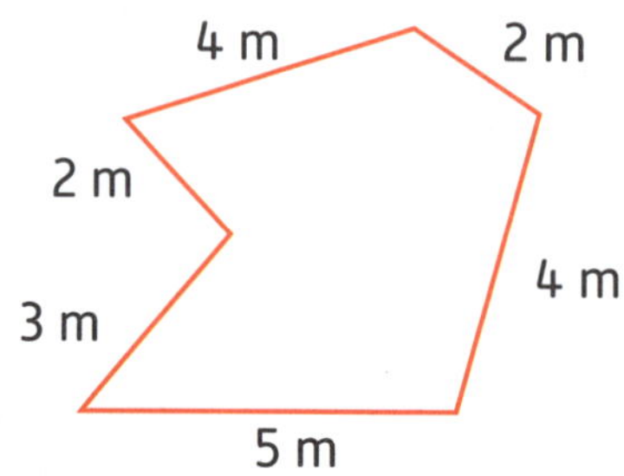

....

....

....

....

....

....

....

4

Coder pour pouvoir réaliser un déplacement.

Trace le déplacement sur ce quadrillage en démarrant par la case A pour trouver la case B.

- Avance de 2 cases.
- Tourne à droite et avance de 3 cases.
- Tourne à gauche et avance de 2 cases.
- Tourne à gauche et avance de 2 cases.
- Tourne à droite et avance d'une case.
- Marque la case B.

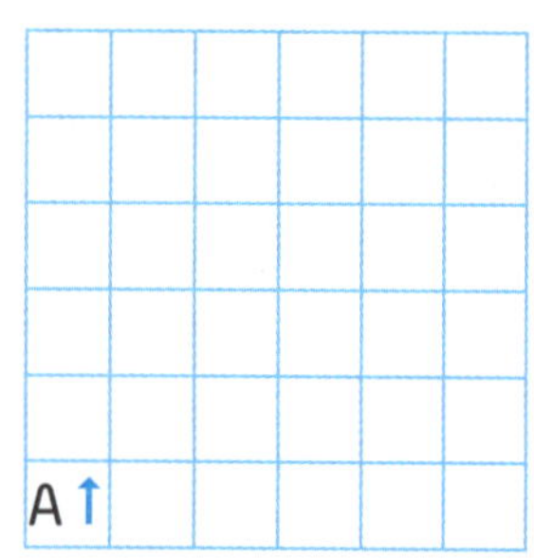

5

Reproduire, identifier ou reconnaître des figures géométriques simples.

Reproduis cette figure en respectant les mesures.

Complète la figure pour faire apparaître un carré, un rectangle et deux triangles rectangles.

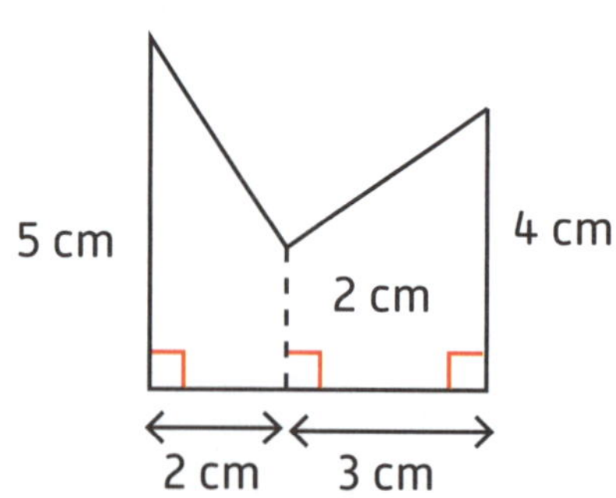

6 — Multiplier en décomposant en facteurs.

Complète les calculs.

30 × 7 = 10 ×	9 × 20 = ... × 10	6 × 40 = ... × 10	300 × 2 = 100 × ....
200 × 4 = 100 ×	8 × 60 = ... × 10	15 × 4 = ... × 10	45 × 6 = 10 × ....

7 — Multiplier en décomposant les nombres.

Calcule en décomposant les nombres.

32 × 6 =

290 × 3 =

261 × 7 =

708 × 5 =

304 × 8 =

8 — Résoudre des problèmes de comparaison.

Martin a 7 figurines, c'est quatre fois moins qu'Aminata. Clémence a 48 figurines, c'est 12 de moins qu'Élio.

Combien de figurines Aminata et Élio ont-ils chacun ?

....

....

9 — Réviser les tables de multiplication.

Complète les calculs.

5 × 9 = ...	7 × 6 = ...	8 × 8 = ...	9 × 7 = ...
36, c'est 4 fois	56, c'est 7 fois	72, c'est 9 fois	35, c'est 5 fois ....
8 × 54 = 48 ×	6 × 27 = 18 ×	9 × 28 = 63 ×	7 × 21 = 49 × ....

10 — Multiplier par 15, 30, 25, 50.

Lors d'une course de relais, Nathan a nagé 8 longueurs de piscine de 25 m et son frère en a nagé 13.

Quelle distance totale ont-ils parcourue ?

....

....

11 — Diviser par 25, 50.

Un maçon a besoin de 700 kg de sable.

Combien de sacs de 50 kg doit-il commander ?

....

....

133 JEUX MATHÉMATIQUES

Pyramides magiques

Multiplie 2 nombres voisins pour obtenir le nombre situé au-dessus.

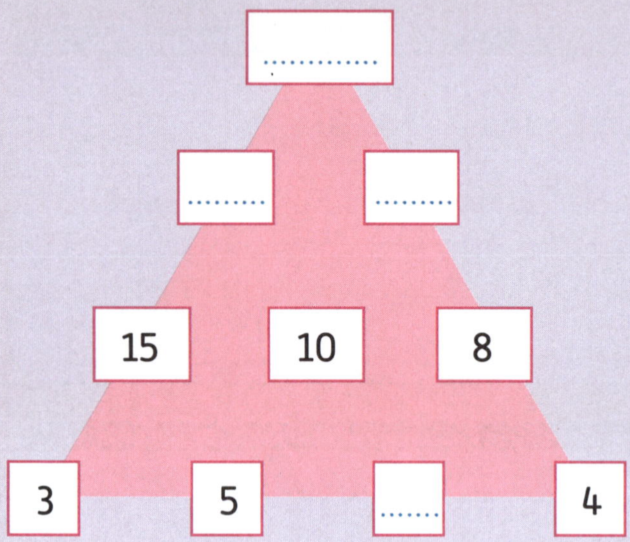

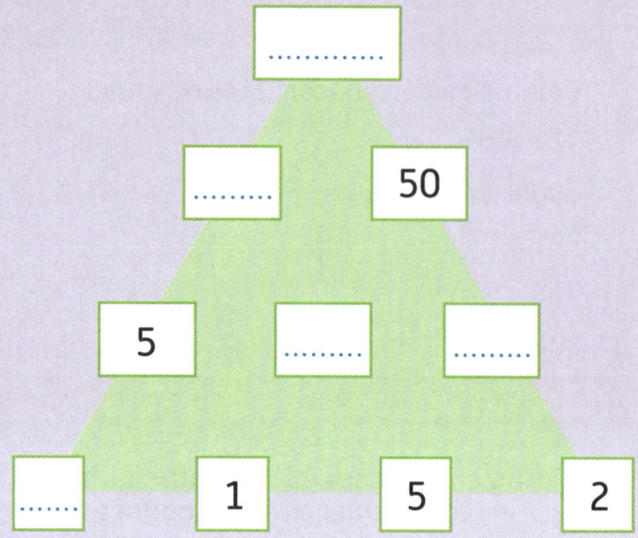

Visites

musée

Archi visite un musée. Il veut éviter de passer 2 fois dans la même pièce.
Trouve tous les chemins possibles.

château

Lali visite un château. Elle veut éviter de passer 2 fois dans la même pièce.
Trouve 3 chemins possibles.

Escalier géant

Cet escalier est construit avec 15 pavés et il y a cinq marches. **Quel nombre de marches faudrait-il monter si l'escalier était construit avec 120 pavés ?**

....

Tous les carrés

Combien y a-t-il de carrés dans cette figure ? Repasse-les.

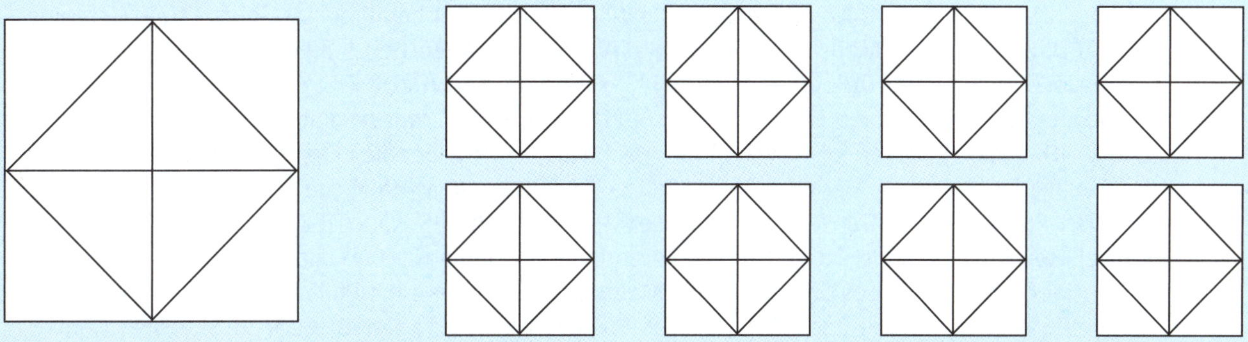

En tout, il y a .... *carrés dans cette figure.*

Le moins possible

Reproduis la figure et colorie-la.
Deux zones ayant un côté en commun ne doivent pas être de la même couleur.

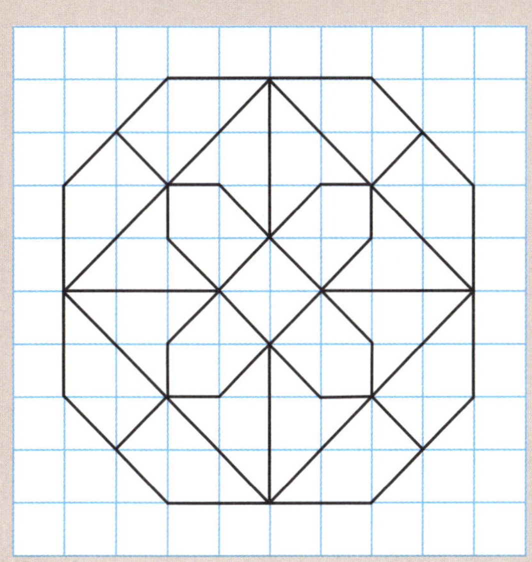

Remerciements

Tout au long de son élaboration, ARCHIMATHS a bénéficié de nombreux conseils de la part d'enseignantes et d'enseignants en classe de CE2. Les Éditions Magnard les remercient vivement pour ce travail collaboratif.

Alice AMALRIC, Saint-Sulpice (81) • Mélanie ANCELIN, Freneuse (76) • Chrystel ARREOU-EVRARD, Montigny-le-Bretonneux (78) • Muriel AUBRUN, Villemandeur (45) • Élody AZANCOT, Sarcelles (95) • Adeline BAISSE, Léglantiers (60) • Anne BALDRAN, Toulouse (31) • Sylvie BERNARD, Soulosse-sous-Saint-Élophe (88) • Aude BŒUF, Douvrin (62) • Sylvie CAMIER, Arras (62) • Emmanuelle CARREZ, Blamont (25) • Lucie CHAMPREDONDE, Pigny (18) • Marine CHIANG, Viry-Châtillon (91) • Nathanaël DA COSTA, Drancy (93) • Justine DAMMAN, Cergy (95) • Stéphanie DE CAROLIS, Venissieux (69) • Anaïs DEBONNE-RAMIREZ, Clichy-sous-Bois (93) • Mathilde DEMOLIN, Luzé (37) • Fanny DENOHIC, Ramonville-Saint-Agne (31) • Séverine DESTENAVE, Marseille (13) • Stéphanie DIENER, Chalais (16) • Cécile DYCKMANS, Lallaing (59) • Khalid EJJABRI, Mantes-la-Jolie (78) • Ariane FELIX, Toulon (83) • Corinne FERNANDEZ, Courcelles-en-Beaujolais (69) • Fabienne FERRANTI, Villefranche-sur-Mer (06) • Jennifer FERREL, Romeny-sur-Marne (02) • Adeline FILLATREAU, Thouars 79) • Émilie FONTAINE, Hirtzbach (68) • Anne-Sophie FONTAINE, Château-Thierry (24) • Anne-Sophie FUCHS, Paris (75) • Solenne GAILLARD, Ruy (38) • Marie-Hélène GALAIS HARDY, Gisors (27) • Christel GRATIAS, Neuilly-Plaisance (93) • Agnès GRELET, Reims (51) • Sabrina GUENESCHEAU, La Riche (37) • Simha HAÏK, Paris (75) • Christelle HARMAND, Coignières (78) • Aline HÉRAULT, Chambray-lès-Tours (37) • Ghislaine HOUARD, Bazoilles-sur-Meuse (88) • Axelle JEAN, Saint-Gratien (95) • Sylvie JOUNEAUX, Moissy-Cramayel (77) • Sandrine JUILLIART, Provins (77) • Séverine KEUVREUX-OLLÉ, Rueil-Malmaison (92) • Patricia LECUYER, Russange (57) • Kareen LEGER-ARDURAT, Fargues-Saint-Hilaire (33) • Catherine LEGRAND, Paris (75) • Françoise LEMAGNER, Balma (31) • Anne-Sophie LENARDUZZI, Aube (61) • Ève LETELLIER, Bolbec (76) • Marie L'HOSTIS, Redon (35) • Isabelle MARCHI, Le Trehou (29) • Stéphanie MARTIN, Paris (75) • Déborah MARTY, Toulouse (31) • Anne MATHIS, Nancy (54) • Marina MONTCHAUD, Pierrelatte (26) • Sylvie NETO LE GUERN, Barentin (76) • Sonia NOUVET, Le Monastier-sur-Gazeille (43) • Gaëlle PASQUIER, Les Chavannes-en-Maurienne (73) • Séverine PEREZ ROMERO, Troyes (10) • Karine PERSILLET, La Beausset (83) • Magali PIROT, Vernon (27) • Nathalie ROESSLINGER, Genilac (42) • Anne-Bérangère ROYAL WALLE, Lille (59) • Claire SAVINI, Novion-Porcien (82) • Sandrine SCHWEITZER, Feytiat (87) • Helene SEMBLANET, Le Bourget (93) • Nathalie SICOIT, Saint-Martin-sur-Lavezon (07) • Karine TARGA, Marignier (74) • Frédérique TAZI, Colomiers (31) • Évelyne TOURNEUR, Saint-Cloud (92) • Manon VIALA, Saint-Étienne-Vallée-Française (48) • Carole WEBERT, Arthon (36)

Conception de couverture : Isabelle Southgate
Conception de maquette intérieure : Marie-Astrid Bailly-Maître, Line Lebrun
Mise en pages et infographies : Domino

Relecture pédagogique : Alexandre Abesque, Thierry Lancelle
Relecture typographique : Amélie Clément-Flet
Responsable d'édition : Julie Collignon
Coordination éditoriale : Claire Ollivier

Crédits photographiques :

Page 110 : Adobe Stock / playstuff ; pearleye / Premium Access/Getty Images ; page 121 : JoyTasa / Premium Access / Getty Images ; Istock / GOLFX; lara_v / Adobe stock ; Besjunior / Premium Access / Getty Images ; golovorez / Premium Access / Getty Images ; expertm1973 / Premium Access / Getty Images

Achevé d'imprimer en Italie par Rotolito en février 2020
Dépôt légal: février 2020 - N° éditeur: MAGSI20190787

Certifié PEFC
Ce produit est issu de forêt gérées durablement et de sources contrôlées
www.pefc.it
PEFC/18-31-103

Décomposer les nombres jusqu'à 100

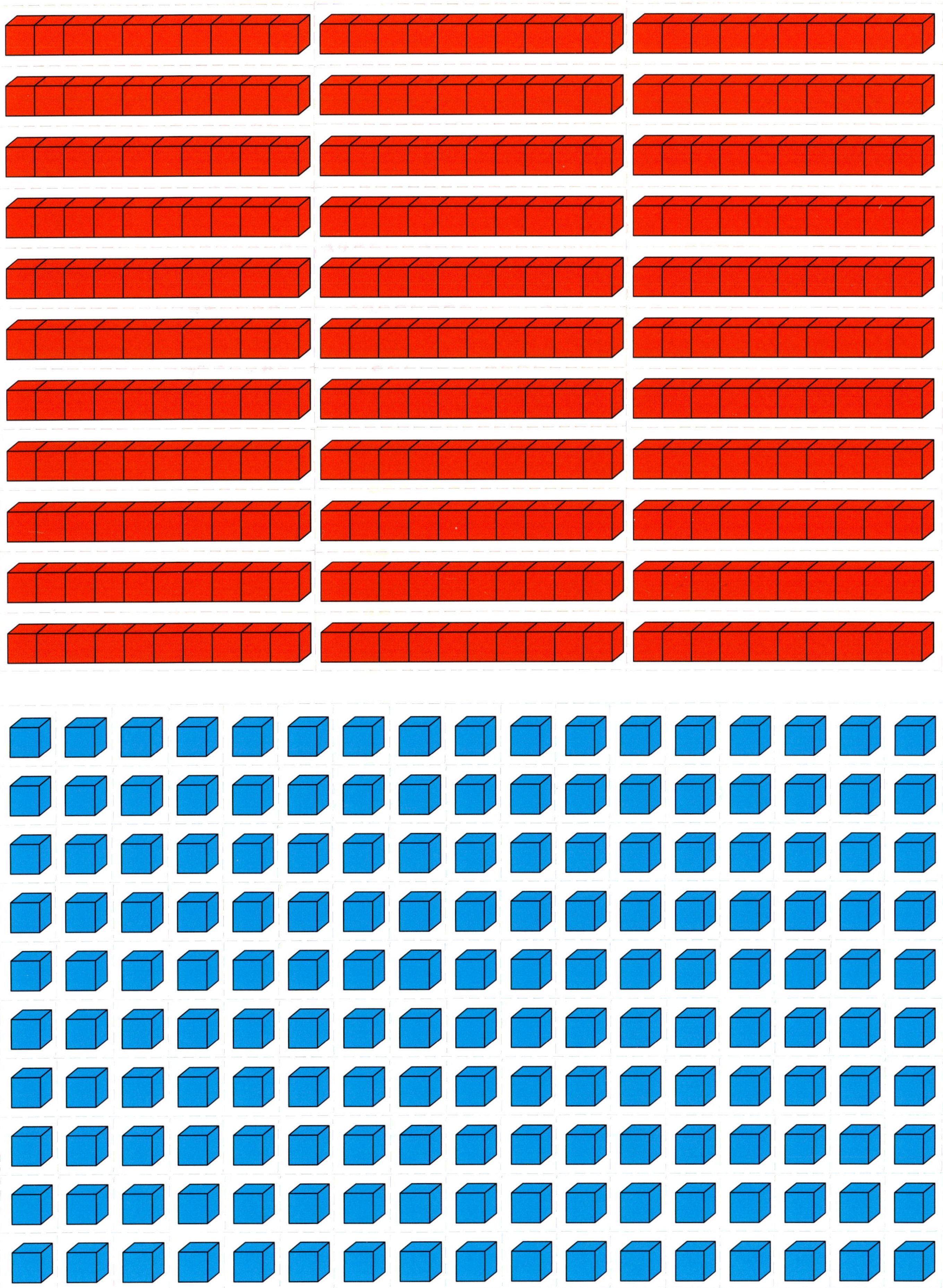

10 dix	10 dix	10 dix
10 dix	10 dix	10 dix
10 dix	10 dix	10 dix
10 dix	10 dix	10 dix
10 dix	10 dix	10 dix
10 dix	10 dix	10 dix
10 dix	10 dix	10 dix
10 dix	10 dix	10 dix
10 dix	10 dix	10 dix
10 dix	10 dix	10 dix
10 dix	10 dix	10 dix

1 un	1 un	1 un	1 un	1 un	1 un	1 un	1 un	1 un	1 un	1 un	1 un	1 un	1 un	1 un	1 un	1 un
1 un	1 un	1 un	1 un	1 un	1 un	1 un	1 un	1 un	1 un	1 un	1 un	1 un	1 un	1 un	1 un	1 un
1 un	1 un	1 un	1 un	1 un	1 un	1 un	1 un	1 un	1 un	1 un	1 un	1 un	1 un	1 un	1 un	1 un
1 un	1 un	1 un	1 un	1 un	1 un	1 un	1 un	1 un	1 un	1 un	1 un	1 un	1 un	1 un	1 un	1 un
1 un	1 un	1 un	1 un	1 un	1 un	1 un	1 un	1 un	1 un	1 un	1 un	1 un	1 un	1 un	1 un	1 un
1 un	1 un	1 un	1 un	1 un	1 un	1 un	1 un	1 un	1 un	1 un	1 un	1 un	1 un	1 un	1 un	1 un
1 un	1 un	1 un	1 un	1 un	1 un	1 un	1 un	1 un	1 un	1 un	1 un	1 un	1 un	1 un	1 un	1 un
1 un	1 un	1 un	1 un	1 un	1 un	1 un	1 un	1 un	1 un	1 un	1 un	1 un	1 un	1 un	1 un	1 un
1 un	1 un	1 un	1 un	1 un	1 un	1 un	1 un	1 un	1 un	1 un	1 un	1 un	1 un	1 un	1 un	1 un
1 un	1 un	1 un	1 un	1 un	1 un	1 un	1 un	1 un	1 un	1 un	1 un	1 un	1 un	1 un	1 un	1 un

Décomposer les nombres jusqu'à 1 000

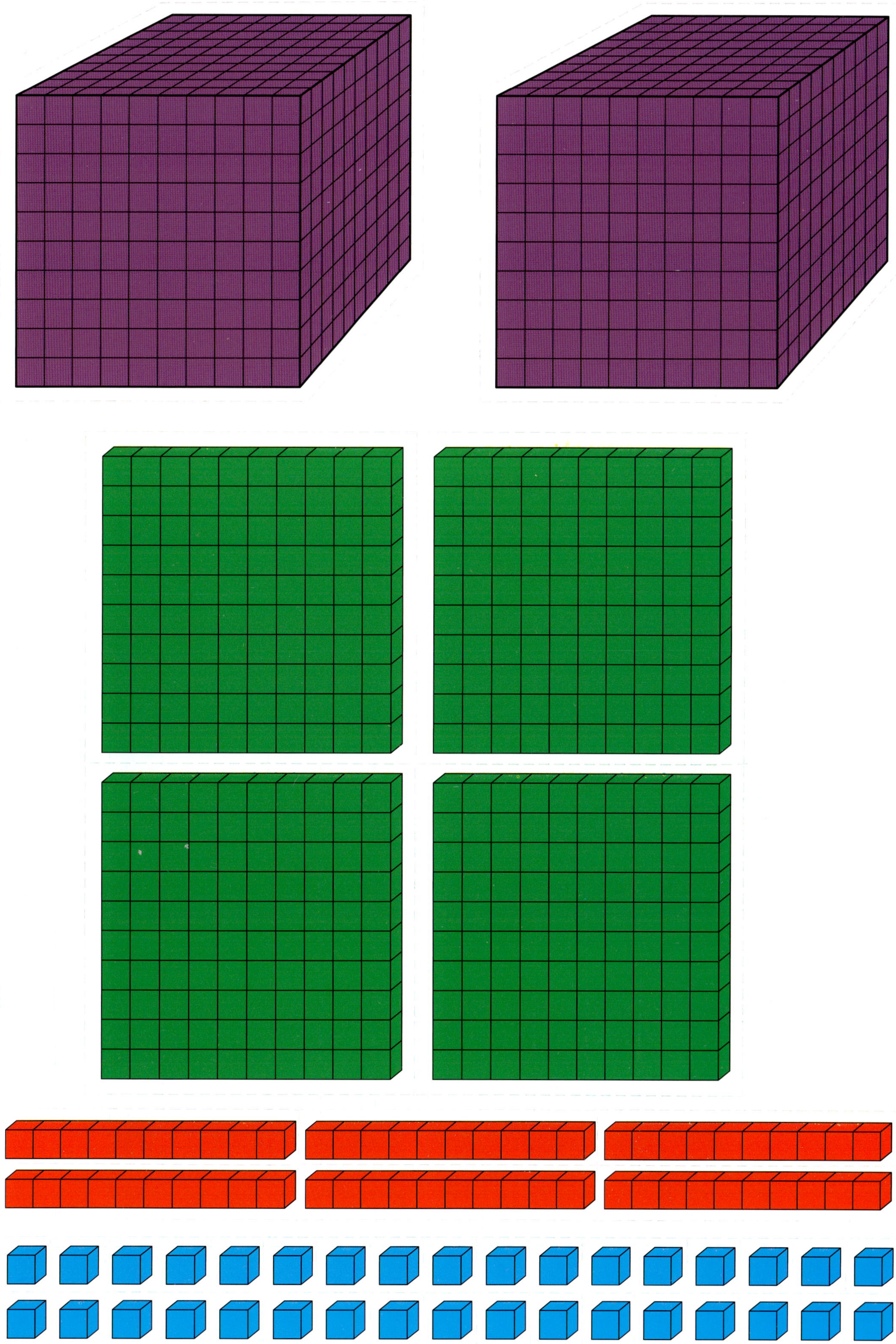

1 000 mille
1 000 mille

100 cent
100 cent
100 cent
100 cent

10 dix
10 dix
10 dix
10 dix
10 dix
10 dix

1 un	1 un	1 un	1 un	1 un	1 un	1 un	1 un	1 un	1 un	1 un	1 un	1 un	1 un	1 un	1 un	1 un
1 un	1 un	1 un	1 un	1 un	1 un	1 un	1 un	1 un	1 un	1 un	1 un	1 un	1 un	1 un	1 un	1 un

Planche 3

La monnaie : les billets

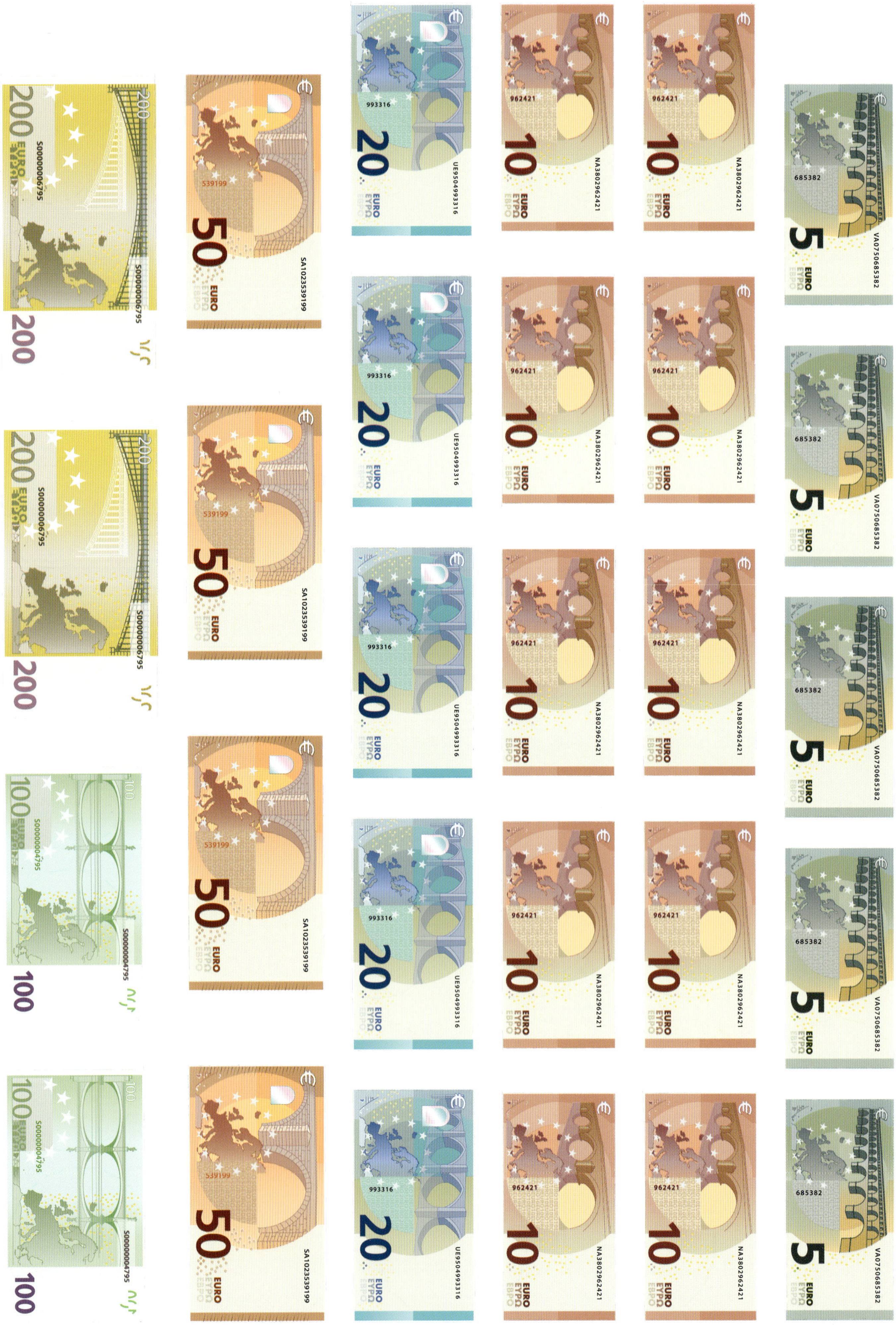

La monnaie : les pièces

2002
1999
RF
LIBERTÉ ÉGALITÉ FRATERNITÉ
R F
20 00

Planche 5

L'horloge

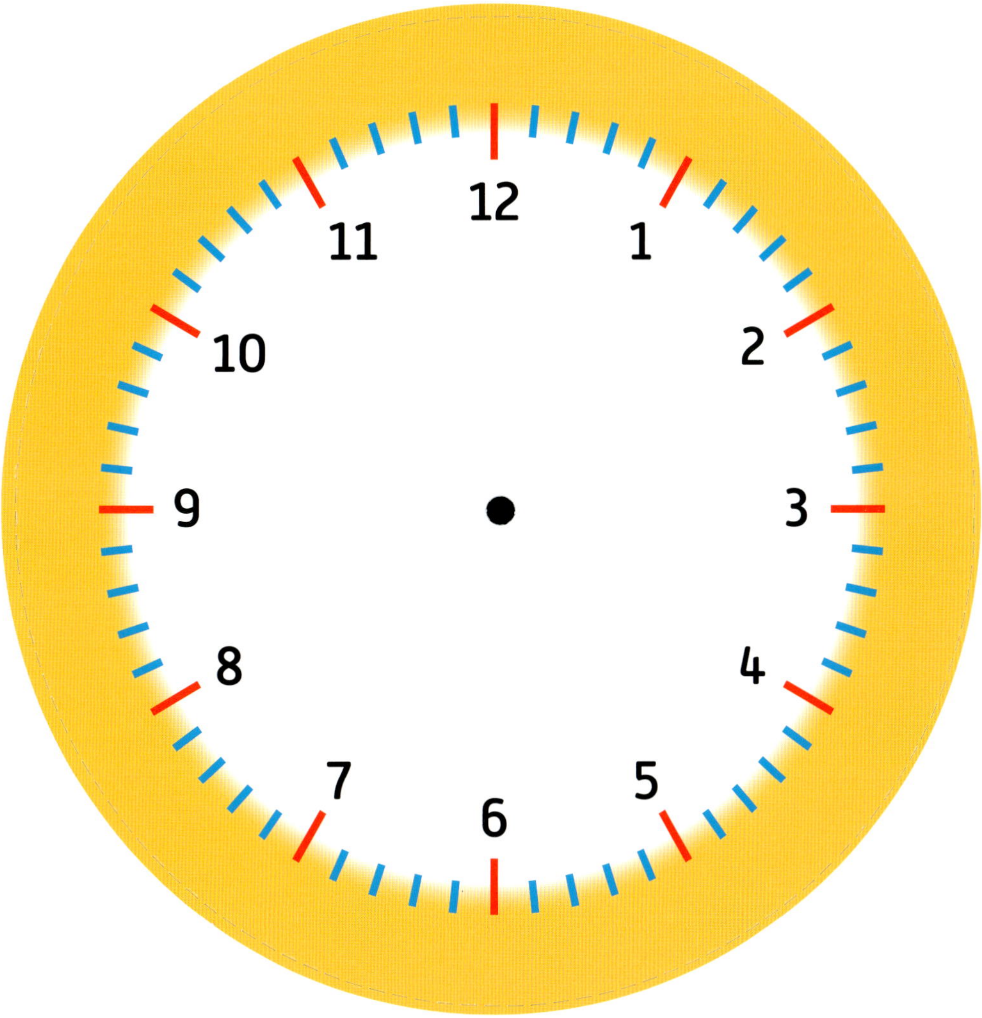

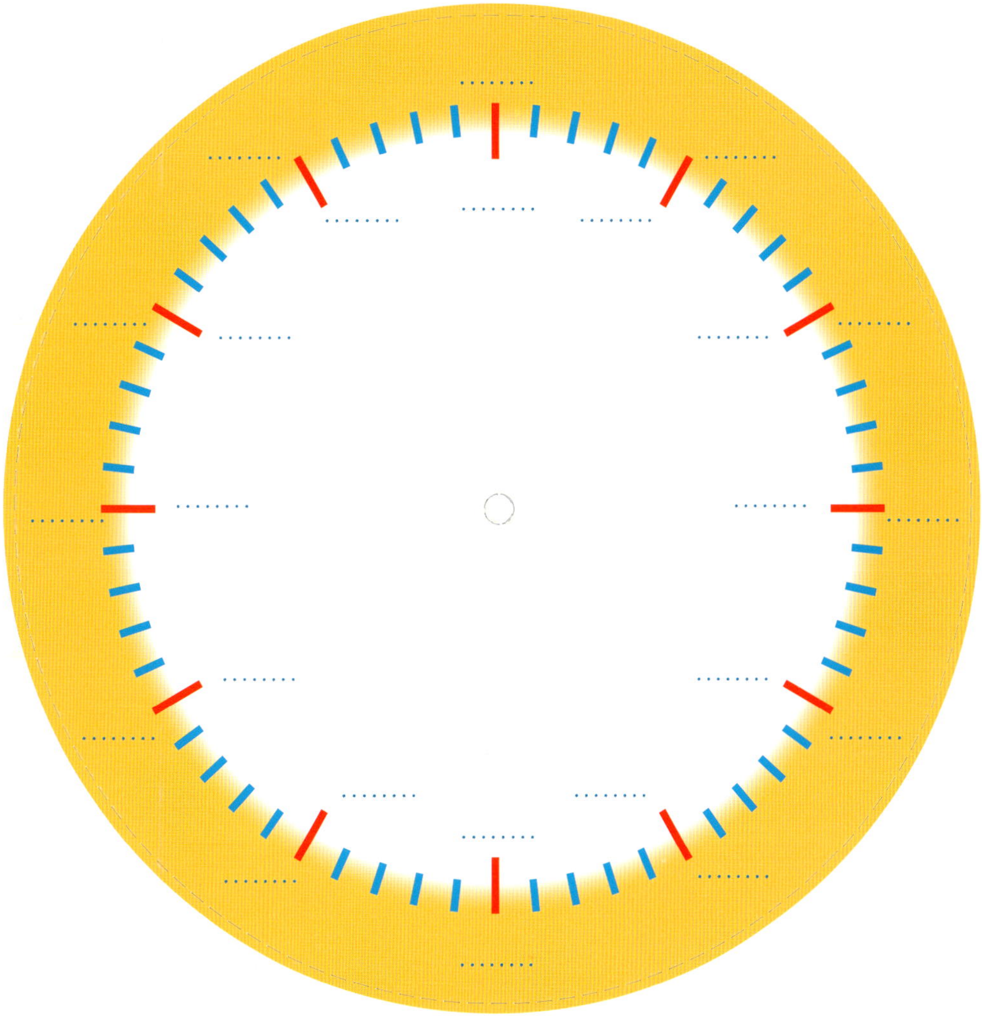

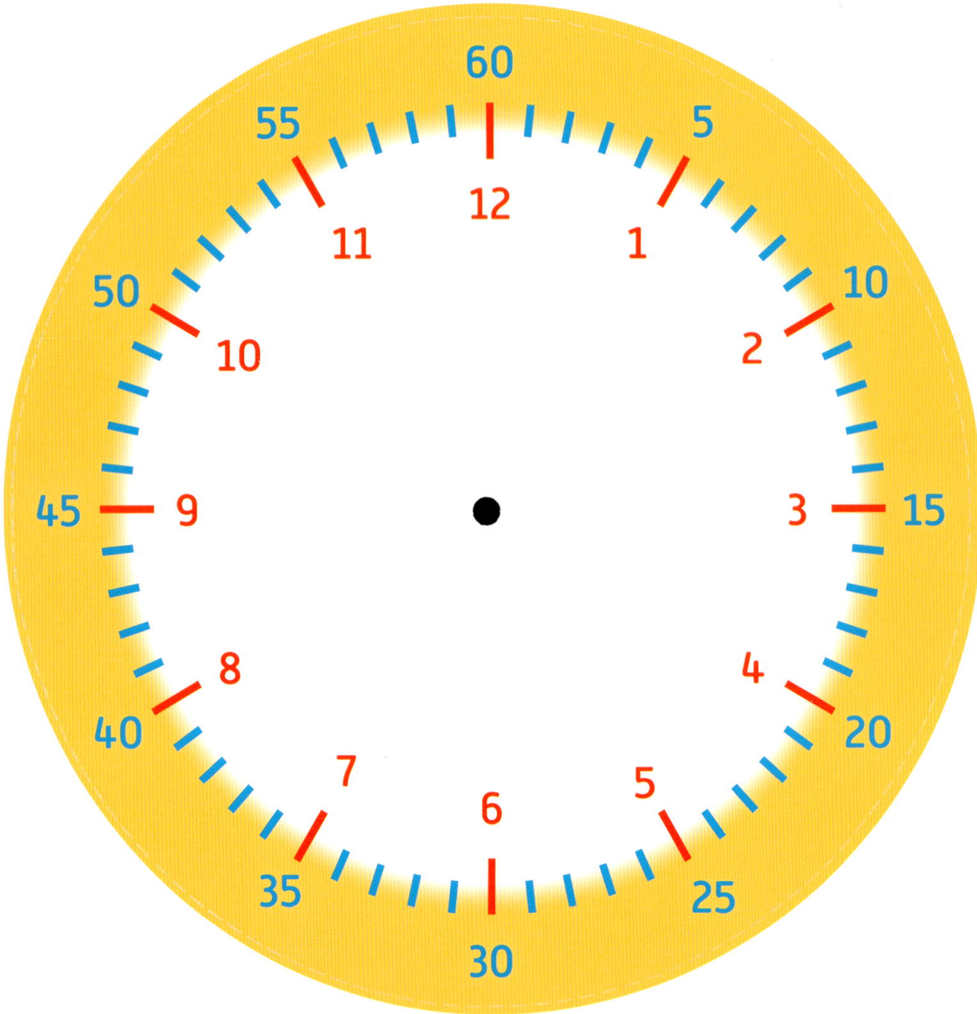
60
5
10
15
20
25
30
35
40
45
50
55
12
1
2
3
4
5
6
7
8
9
10
11

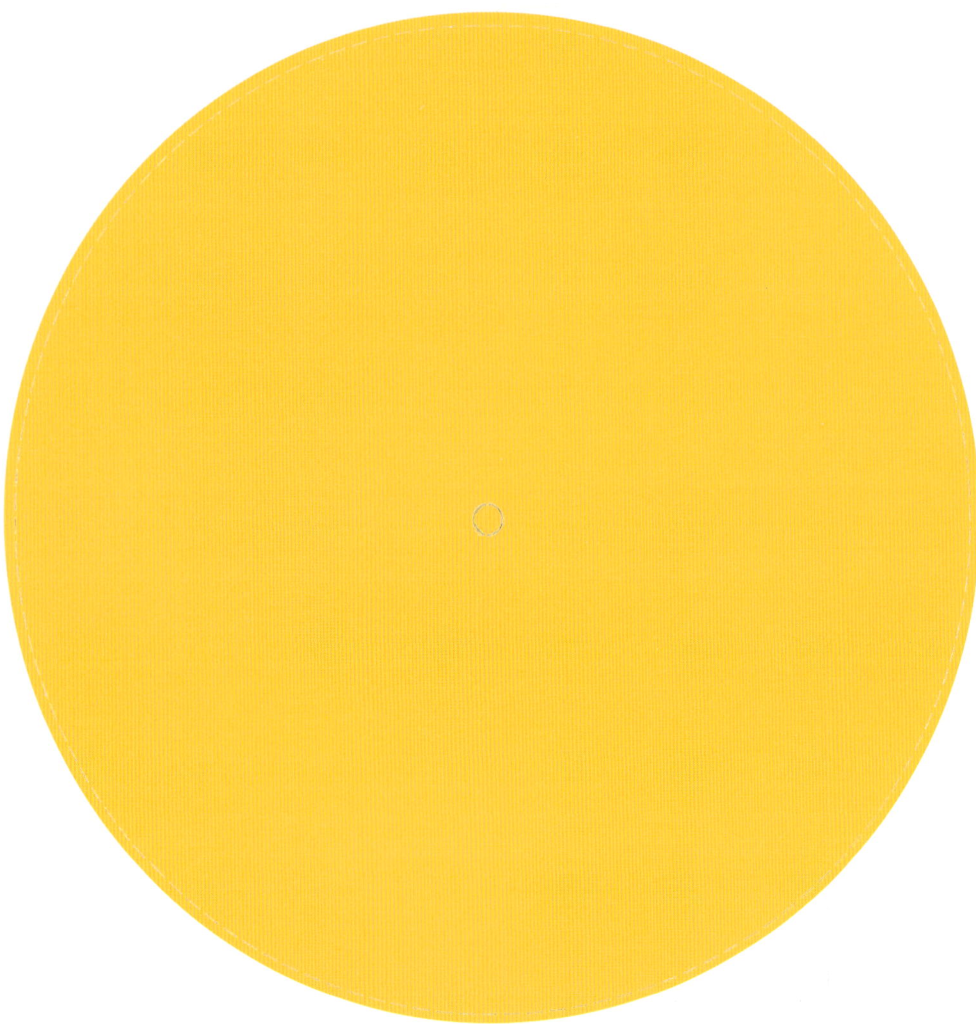

Les gabarits

gabarits leçon 82

patron de cube

gabarit leçon 4